吕碧城传

陌上花开君子香

清轲 ◎ 著

台海出版社

图书在版编目（CIP）数据

吕碧城传：陌上花开君子香/清轲著．— 北京：
台海出版社，2024.6. — ISBN 978-7-5168-3878-5

Ⅰ. K825.6

中国国家版本馆 CIP 数据核字第 2024TU1912 号

吕碧城传：陌上花开君子香

著　　者：清　轲	
出 版 人：薛　原	封面设计：颜森设计
责任编辑：王慧敏	

出版发行：台海出版社
地　　址：北京市东城区景山东街20号　邮政编码：100009
电　　话：010-64041652（发行，邮购）
传　　真：010-84045799（总编室）
网　　址：www.taimeng.org.cn/thcbs/default.htm
E－mail：thcbs@126.com

经　　销：全国各地新华书店
印　　刷：三河市嵩川印刷有限公司

本书如有破损、缺页、装订错误，请与本社联系调换

开　　本：880毫米×1230毫米　1/32	
字　　数：120千字	印　　张：5.75
版　　次：2024年6月第1版	印　　次：2024年6月第1次印刷
书　　号：ISBN 978-7-5168-3878-5	

定　　价：39.80元

版权所有　翻印必究

序言 Prologue

人间,只此一回。

护首探花亦可哀,平生功绩忍重埋。匆匆说法谈经后,我到人间只此回。

民国才女众多。人们传颂林徽因的"你是人间的四月天,是燕,是呢喃",痛惜张爱玲与胡兰成的倾城之恋,惊叹于三毛与荷西在撒哈拉的动人故事……却似乎,遗忘了吕碧城这个生动的名字。著名导演林红光曾坦言:"那将是一个很俗气的遗憾。"

一百多年前的中国,山河倾颓,清王朝腐败不堪,大势已去。在那个人心惶惶的时代舞台上,吕碧城,是一抹艳丽的时代剪影,是历史长河里一段不老的传奇。她的奇,在于开了当时女性乃至此前整个中国历史上女性的一代先河。

她,是中国新闻史上的第一位女编辑、第一位女性撰稿人,曾用如菊如兰的曼妙文字针砭时弊,舒展情怀,将一生的故事都收录在《吕碧城集》《信芳集》《欧美漫游录》等著作中。时人将她与萧红、张爱玲、石评梅并称"民国四大才女"。

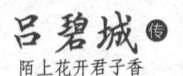

她,是中国女权运动的发起人之一,曾写下名动一时的《满江红》。词中言道:"晦暗神州,欣曙光一线遥时,问何人女权高唱?若安达克。雪浪千寻悲业海,风潮廿纪看东亚,听青闺挥涕发狂言,君休讶。"问何人女权高唱,唯与当时的"鉴湖女侠"秋瑾志同道合,时人将她们并称"女子双侠"。

她,是中国第一位动物保护主义者,留学西洋,积极宣传动物保护理论,创办中国保护动物会,参加世界动物保护委员会,曾受邀去维也纳参加世界大会,盛装登台演讲动物保护的理念,一展中国女性的绝世风采。

她,是中国首位商界女奇才,驰骋于上海商界,从事外贸生意,一时做得风生水起,只几年的光阴,就在十里洋场积累了百万财富。

不仅如此,她还终结了一段历史,被誉为"中国三百年来最后一位女词人"。坊间传颂吕碧城"自幼即有才名,工诗文,善丹青,能治印,并娴音律,词尤著称于世,每有词作问世,远近争相传诵"。她一生作词无数,终成词集《晓珠词》《雪绘词》。

章太炎夫人汤国梨赞她"冰雪聪明绝世姿,红泥白雪耐人思。天花散尽尘缘断,留得人间绝妙词"。文学名家潘伯鹰称她"足与易安俯仰千秋,相视而笑"。

就是这样一位集大成的奇女子,人生之路鲜花与泪水同在,荆棘与落霞齐飞,充满了传奇色彩。她传奇的人生,始于悠悠汾水之畔的太原城，在徽州故居的雨打梧桐里慢慢滋养。旧时徽州的乌衣巷口，还有她少时留下的诗句："夜雨谈兵，春风说剑，冲天美人虹起。"

十二岁之前，她还是那个无忧无虑，只管填词作画的富家千金；十二岁之后，父亲黯然离世，家产被夺，寄人篱下，夫家退婚……这一连串的遭遇足以摧毁一个幼小脆弱的灵魂，却没能阻挡她继续前行的脚步。

二十岁，她只身离家来到天津这片广阔的天地，而这里，将是她惊艳整个时代的起点。担任《大公报》有史以来第一位女编辑，执笔泼墨，大展才华；投身于妇女解放运动，筹办北洋女子公学。一时间，吕碧城声名鹊起，意气风发，成为文坛、女界的一颗耀眼之星。时人评价她——绛帷独拥人争羡，到处咸推吕碧城。

此后，吕碧城曾担任袁世凯总统府机要秘书，驰骋于中国商界，转赴美国哥伦比亚大学深造，漫游欧美七年，成就诸多传奇。

也正是这样一位传奇女子，因在婚姻上"迄无惬意者"，终身未嫁。尽管曾遇英敛之、严复、袁克文等一众民国才子名流，却只道有缘无分，不能相许。有人评价吕碧城："不是闺阁中的佳人，而是红尘中的飞马。"不是她没有儿女情长，而是她的爱情里从来没有将就。既然始终遇不到命中注定的那个他，她宁愿醉心佛门，皈依三宝，也绝不错付。

光阴轮转六十一载，便是吕碧城的一生。她到人间，只此一回。仅此一回，便是不朽的传奇。六十一年，她遍历人世沧桑，依旧从容淡定。不论是做才华横溢的文人，明眸醒世的女侠，还是兰心蕙质的追梦人，倾心佛法的修行者，她都能活得生机盎然，自由自在，让生命在那个倾颓的时代里，绽放如莲。

目录
Contents

第一章 少年飘摇，冷暖自知
吕家有女初长成……………… 002
小荷才露尖尖角……………… 007
家庭巨变，祸不单行………… 014
寄人篱下，断红谁寄………… 022

第二章 逆风前行的脚步
离家出走的勇敢……………… 030
柳暗花明遇贵人……………… 036
终点永远在前方……………… 042
红颜主笔，初露锋芒………… 048

第三章 明眸醒世，绽放如莲
高唱女权的斗士……………… 056
到处咸推吕碧城……………… 062
女子双侠的友情……………… 069
政坛女杰，叱咤风云………… 079

第四章 不遇天人不目成

决然的转身…………………………086
拜师严复，有缘无分…………………093
婉拒袁公子……………………………100
一往情深费树蔚………………………107
道家风骨陈撄宁………………………114

第五章 游走他乡的岁月

政坛倦客，驰骋商海…………………122
只身赴美的求学路……………………129
一叶扁舟，何去何从…………………135

第六章 菩提洗净铅华梦

出发，江湖再见………………………142
漫游欧洲，领悟人生…………………147
彻悟生死的豁然………………………154

第七章 往后余生是归途

因为懂得，所以慈悲…………………160
万般皆幻，皈依三宝…………………165
逝去，浮生若梦………………………169

第一章 少年飘摇，冷暖自知

光阴流转，步履匆匆，岁月之河载着一段段人生故事一往无前，从未停歇。

有的故事早已谢幕，有的故事才开始。那一年夏日，绿肥红瘦，悠悠汾水之畔，太原城中一户吕姓人家，一个女婴呱呱坠地，声音干净嘹亮，似乎在对这世间宣告，她的故事开始了……

吕家有女初长成

清明烟雨浓，上巳莺花好。游侣渐凋零，追忆成烦恼。
当年拾翠时，共说春光好。六幅画罗裙，拂遍江南草。

——《生查子》

发源于山西北部忻州的汾河，载着千年晋城的古老文明，浩浩荡荡，穿越山西腹地的中心地带，一路向南滚滚而下，最终汇入黄河。汾河之水，明净清澈。千年不变，清得好似一面镜子，可以从中窥见曾被它滋养过的一代代山西子民的影子。

"山根百尺路前去，一夜耳中汾水声。"淙淙汾水之畔，是有着"襟四塞之要冲，控五原之都邑"之称的锦绣太原城。这里，即是民国才女吕碧城出生的地方。

世人曾传唱："陌上花开君子香，最奇不过吕碧城。"在汹涌澎湃的历史长河里，吕碧城的一生始终是一个不老的传奇。

清光绪九年（1883年）阴历六月，绿肥红瘦。那是一个小荷才露尖尖角的季节，微风不燥，一切静好。

太原城内,时任山西学政的吕凤岐家中,继室严氏再添新口,一个脸颊粉嘟嘟、哭声嘹亮的女娃降临人世。这已经是他们的第三个女儿了。吕凤岐时值四十七岁,在当时算是老年得女,一家人十分欢喜。

不论男女,吕凤岐都早已为这个孩子取好了名字——贤锡。东汉·许慎《说文》中有言:"贤,多才也"。有品德贤良,多才多艺之意。吕碧城兄弟姐妹的名字中均带有"贤"字。大哥贤钊、二哥贤铭、大姐贤钟、二姐贤鈖和小妹贤满。吕家自古以诗书传家,是当之无愧的书香门第,想必父亲是希望他们今后行走于世时,德行与才华比肩,光耀世家门楣。

"锡"是一种金属,在古时属于五金之列。取名以锡,有明亮辉煌、可担大任之意。都说一个人的名字不仅代表着个人形象,还会影响其一生的命数。吕碧城的名字,仿佛也在预示着她那惊艳尘世、风华绝代的一生。

李商隐诗云:"碧城十二曲阑干,犀辟尘埃玉辟寒。"碧海青天,余音袅袅,重叠辉映之下,似是仙子飞升,心无杂尘。后来,她为自己取号"碧城",也是应了此意。大多时候,她以"碧城"之名立世,以至于人们逐渐忘却了她本来的名字,她的来处。

于乱世里繁华,于纷芜中出尘,她本是一个仙子。

儿时的碧城,除了喜爱读书,同彼时的世家女子并无不同。天真烂漫,纯真可爱,不论是晨观朝霞,抑或暮赏落日,她都可以心无旁骛,只管睁大眼眸,静看这似水流年,风云变幻。

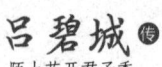

那时候，她或哭或笑，只凭此心。

吕碧城虽出生于太原城，却不在这里长大。徽州庙首，才是她的故乡。此处是许多人心中的"一生痴绝处"，这里有着典型的徽派建筑风格，有着浓厚的江南底蕴。青砖黛瓦，回廊格窗，五叠马墙，高低错落。东临徽文化发祥地绩溪，西望闻名海外的苍黛黄山，北接人文荟萃的障山，南边则是徽文化的中心歙州。

碧城的故乡，自古以来书院林立，学风淳厚。以诗书传家的吕氏一族，自晚唐时期便定居于此。书香世家，人才济济。父亲吕凤岐生来便是读书的种子，家底不菲，仕途更是春风得意。同治三年（1864年）的举人，光绪三年（1877年）的进士。一步一个脚印，为官期间，历任翰林院庶吉士、国使馆协修、山西学政等文官要职。

奈何老街的青石板早已斑驳，许多年前的"康乾盛世"早已不复存在。步履匆匆，洗涤时代的记忆，那个天道昌隆的天朝大国，也只是岁月镌刻在墙上的一道道轮廓了。晚清王朝江河日下，官场腐败不堪，昔日的盛世繁华，已无处再寻。

吕凤岐一身清风正骨，早已看不惯官场上的尔虞我诈，不愿随波逐流的他，终于在碧城出生后的第三年，自断仕途之志，辞官回乡。

碧城跟随父亲回到徽州时，已经三岁了。此后，她在这个陈梦古香的徽州生活了十二年。这个钟灵毓秀的文化古城，赋予了她彩笺题墨的灵气、惊艳尘世的才华和敢为人先的侠气。

清明烟雨浓，上巳莺花好。游侣渐凋零，追忆成烦恼。

当年拾翠时，共说春光好。六幅画罗裙，拂遍江南草。

走进杏花烟雨的江南水乡，踏过浸着岁月年轮的青石板，轻轻推开吕家的大门，便能看见碧城在这座院落里的欢乐四季。

春风回雪，百花盛开之时，她也似宝钗一般灵动，藏身于花丛中，扑蝶捕蜂。夏日蝉鸣，小小院落里有父亲专门命人为她们姐妹四人搭建的凉亭，碧城尤其喜欢在小憩中聆听蛙声虫鸣。

秋叶凋零，她从未悲悼落叶，而是喜欢哼着儿歌，荡着秋千，与漫天飘零的黄叶一起蹁跹起舞。冬雪皑皑，万籁俱寂，父亲便为她们煮酒烹茶，庭前院后，与青山白云为友，在雪中寻诗。

徽州故居，是碧城姐妹四人的前世今生。这里，承载着她们天真快乐的童年时光，是她们记忆中一剪再也回不去的白月光，亦是她们追忆一生的乡愁。这份宁静温暖的记忆，后来被碧城记录在这首《生查子》之中。

那一年的清明时节，与往年并没有多大的不同。春光正盛，杏花烟雨打湿了黛瓦青砖，又滋养了万紫千红。"二月二，龙抬头；三月三，生轩辕"，一年一度的上巳节就要来了，父亲将带着她们姐妹们去郊外游春，邀清风明月为伴，以碧水青山为友，感受大自然的美好。

"当年拾翠时，共说春光好。"幼时的碧城，最喜欢穿一

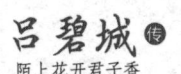

袭画罗裙，和姐妹们在早春时节拾翠赏花，共赏春光。每每到了春日，庙首郊外的河滨上，总会有碧城姐妹以及她们的玩伴们的身影，潇洒肆意，欢喜而愉悦。

儿时的美好和无忧无虑，在吕碧城心中就像一幅写意山水画一般美好。时光不长，却足以让她惦念终生。许是后来的日子太过沉重吧，慢慢长大的她，背负的东西也就越来越多了。她无法放下幼年的美好，却再也没有拿起的心绪。

"游侣渐凋零，追忆成烦恼。"凝眸回首时，碧城只有叹息，既是此生再也无法回去的梦，又何必追忆？往事如烟，早已定格，不管碧城如何惦念，都只是给自己徒增烦恼罢了。

吕碧城父亲的好友樊增祥曾赞叹此曲《生查子》"无风自偃君知否？西子裙裾拂过来，结局不减刘郎矣"。无边江南烟雨，无边的江南草，情之凄凄，可叹息，可叹兮！

人们总是喜欢在幼年时期望快些成长，希冀于像大人一样可以呼风唤雨，叱咤风云。可当真的成长为一个大人的时候，又开始怀念儿时天真单纯、无忧无虑的生活。碧城如此，其姐如此，世间的大部分人都是如此。时局掌握着人生，总有许多重情的人会受到红尘的羁绊。

殊不知，红尘故去，往事难追。莫不如将那些美好的童年回忆，留给那似水的流年慢慢咀嚼吧！

小荷才露尖尖角

绿蚁浮春，玉龙回雪，谁识隐娘微旨？夜雨谈兵，春风说剑，冲天美人虹起，把无限时恨，都消樽里。

君未知？是天生粉荆脂聂，试凌波微步寒生易水。浸把木兰花，谈作等闲红紫。辽海功名，恨不到青闺儿女，剩一腔豪兴，写入丹青闲寄。

——《法曲献仙音·题女郎看剑引杯图》

山绕清溪水绕城，白云碧嶂画难成。处处楼台藏野色，家家灯火读书声。

悠悠碧水之畔的徽州小城里，一位吕姓人家的新第耗时三年终于落成。吕凤岐将这座新宅取名为"长恩精舍"，长念祖恩，精益求精。

屯溪桥下的碧水，幽幽流淌了千年，滋养了徽州城里无数的家庭，他们或是名门望族，或是徽商世家，或是平民百姓。多少年过去了，不管是生来就在这座小城里的，还是因为战乱饥荒后来迁徙至此的人们,他们早已被这里的文化浸染,将此处当成了自己的故乡。

吕氏一族,就是这浩繁星海之中,被徽州古城温养过的世家之一。

据传,旌德庙首的吕氏家族,是周朝太师昭烈武王太公望吕尚的后裔。吕家在徽州,算是名副其实的书香世家。晚唐时,吕氏家族第八十六世祖为躲避战乱,带领族人迁至徽州庙首隐居,与清风明月相交,携青山白云同游。他常自比于五柳先生,喜爱诗书,乐游山水,终有《丰溪存稿》诗集传世,供吕家后人学习收藏。

吕氏家风,代代相传,到吕凤岐一代时,家底仍旧殷实,且在徽州一带颇具名望。彼时的吕家不仅是诗书世家,还是徽商大户。吕凤岐的父亲与祖父不仅是当朝国子监监生,还是当地知名的徽商,在庙首开设当铺与米肆,春风得意。吕家人的经济与仕途都很明朗,而吕凤岐更是生来就是一个读书的种子。

吕凤岐好书,在当地远近皆知。辞官之后更是日日与诗书相伴,此次落第的新宅里,专有一处设藏书室,里面的藏书竟有三万卷之多。

吕碧城的一生之所以能构成传奇,除了与时代大势所趋和个人风骨有关,首先,应归功于吕家丰厚的家底和世代传承的良好家风。

出生于吕氏这个书香世家,碧城从小深受父亲的影响,耳濡目染之下，小小年纪便已习得吕凤岐学识之一二，表现出惊人的才华和智慧。

小碧城最喜欢读书了。长恩精舍的院落里，时常能看见一个穿着画罗裙的小女孩手捧一本书，坐在秋千上静静翻阅。风过处，花香细细，轻轻拂动小碧城的发丝，那一刻，仿佛时光也行进得慢了许多，生怕打破了这美好的画面。

吕凤岐博闻广识，自是与寻常人家的父亲不同，他胸襟开阔，思想开明，时常鼓励儿女读书识字。这样的家庭自是让碧城姐妹受益匪浅。

碧城四岁时，有一次父亲恰巧从书房出来，见到小碧城在花园中嬉戏。吕凤岐看到院落里春光正好，微风轻拂杨柳，在空中翩翩起舞，不自觉地，便随口吟道："春风吹杨柳。"话音刚落，父亲还未及细思，耳边便传来一句："秋雨打梧桐。"

吕凤岐惊讶地看着远处的小碧城欢喜地往自己身边跑来，边跑边问道："父亲，您看我对得可好？"吕凤岐表情严肃，只说"对得不错"，心里却很欢喜。

四岁，寻常人家的孩子或还在咿呀识字，不错的或许能背上一背《百家姓》《千字文》这些启蒙书籍。小碧城却能对上父亲的诗句。吕凤岐惊讶于女儿不过四岁便能对出这平仄工整且有一定意蕴的诗句来，心里着实欣慰。这也是此后，吕凤岐对这三女儿更为上心的缘故。

小碧城才艺过人，除了饱受诗书熏染，经常涉猎父亲藏书室里的好书佳文之外,对填词作画也有极大兴趣。随着年龄的增长,在众姐妹之中愈加显得灵气超然。

吕凤岐的好友樊增祥曾赋诗一首,赞扬小碧城的气质样貌:"第三娇女玉厄娘,却去瑶池到下方。紫锦函中书一卷,明明翠水白莲香。"在吕凤岐的四个女儿里,樊增祥尤其欣赏吕碧城的才气。吕凤岐听到好友这般夸赞小碧城,非常欣慰。

每每有客到家中来访,品诗作画时,父亲总会让小碧城在一旁观摩。只几年时间,吕碧城俨然已具大家风范。诗书礼仪,均得父亲真传。举手投足的瞬间,最为令人赏心悦目。

碧城喜欢作画,吕凤岐便寻来当时许多有名的画作给她临摹。其中不乏"戊戌六君子"之一杨深秀的作品。吕凤岐最爱杨深秀赠予他的一幅山水画。戊戌变法之后,这是杨深秀留给他的唯一的纪念。吕凤岐欣赏杨深秀的高洁品行,更佩服他舍己为国,英勇就义的傲骨。

自杨深秀过世之后,吕凤岐便只能对着这幅山水画怀念故人。小碧城天资聪颖,深知父亲对此画有多么爱惜,因而临摹得更加专心。

有人说,一个女子,一旦有斐然的才情,还有不俗的相貌,便注定此生要过得与寻常人家的女子大大不同。或许小碧城就是这样的女子吧!只是彼时她还未预料到她会在将来的某一天,成为中国文坛、教育界、政界以及商界的风云人物。

这样看来,如此传奇的女子,有着一段非比寻常的童年时光,也不算什么稀奇的事了。

在父亲和吕氏家族的庇佑下安然成长,能于战火纷飞的时代里拥有一段这般岁月静好的时光,无疑,小碧城是幸福的。此后的人生中,不管遇到怎样的大风大浪,吕碧城都秉持初心,而她的初心,就是在徽州故居中度过的童年时光。

在吕凤岐的教导下,小碧城更加勤学苦练,进步神速。不论是在诗、词,还是书、画方面,都取得了一定的造诣。当时坊间广传吕碧城"自幼即有才名,工诗文,善丹青,能治印,并娴音律,词尤著称于世,每有词作问世,远近争相传诵"。

碧城七岁时,她的名声就已传遍乡里。都说吕家三女饱读诗书,才气斐然。更有甚者,认为小碧城就好比那少年仲永,有惊世之才。大家对碧城的夸奖并没有令她心高气傲,碧城虽小,却也懂得"少壮不努力,老大徒伤悲"的道理,唯有更加发奋图强,才能不负父亲的期望,不负自己的热爱。

小碧城十二岁时,樊增祥偶然读到她填的一首词,竟一时失态,不断拍案叫绝。这首词就是《法曲献仙音》。

绿蚁浮春,玉龙回雪,谁识隐娘微旨?夜雨谈兵,春风说剑,冲天美人虹起,把无限时恨,都消樽里。

君未知?是天生粉荆脂聂,试凌波微步寒生易水。浸把木兰花,谈作等闲红紫。辽海功名,恨不到青闺儿女,剩一腔豪兴,写入丹青闲寄。

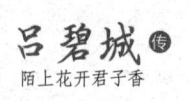

此词读来令人荡气回肠，仿佛作词人有着一颗胸怀天下之心。此间气魄波澜壮阔，不知道的，绝不会认为这首词是出自一个十二岁的女童之手。作为当时有名的才子，樊增祥惊叹的，正是小碧城在这首词里表现出的侠气和志向。

在那个腐败的清末时期，西方列强对中国虎视眈眈，清政府稍有不慎，便可能触发一场战争。那个时候，大多数人的愿望不过是能够顺顺利利地过完这平凡的一生。一日三餐，安稳便好。

腐败的社会大环境压抑了许多人的理想和志向。小碧城却愿意"夜雨谈兵，春风说剑"，抛却旧思想。这般大气凌厉、侠气逼人的词句，着实令时人惊叹。

其实，在父亲及其朋友潜移默化的熏陶教养之下，小碧城早已养成了刚正侠义的性格。早在杨深秀舍生取义之时，小碧城就曾写下一首《二郎神》来悼念他。"矜尺幅旧藏。渊渟岳峙，共存千古。"其间有小碧城佩服感叹，惋惜无奈的心境。

碧城童年时，虽安稳地生活在父亲为她们建造的长恩精舍之中，单纯快乐，却并非不知道世道艰难。安静时，她也会心有所感，在看到院落里的花儿凋谢时，她的心中也会生出一种惋惜之情，看到雨打芭蕉时，也会责怪江南的烟雨带走了春日的烂漫。于是，她的词句里，就开始有了轻嗟浅叹。

古人说，心思细腻的人，词路一般不会太开阔。吕碧城却是个例外。

她大胆地告诉世人:"君未知?是天生粉荆脂聂,试凌波微步寒生易水。"不过短短十几个字,就将聂隐娘、盖聂、荆轲等人的典故融会其中,在小碧城这个年纪,实在是令人难以相信。或许也只有她,敢将"木兰花,谈作等闲红紫"。

每个人小时候都有一个梦想。有人梦想着长大,摆脱父母的管束;有人大放厥词,想把世间一切美好的东西都收入囊中;还有人,什么也不想,唯一的愿望就是不愁温饱,安稳度日……而这些,都不是吕碧城的梦想。

她的梦想是做聂隐娘一样的绝世女侠,是成为荆轲一样的勇士,是当剑客盖聂一般的盖世大侠。在这个风雨飘摇的时代,越挫越勇,活得真实而自然。

时代将倾,这就是小碧城的志向。樊增祥写诗称赞她:"侠骨柔肠只自怜,春寒写遍衍波笺。十三娘与无双女,知是诗仙与剑仙?"

不安守旧,初露锋芒。总有一天,小碧城也会为自己所取得的成就惊叹。总有一天,她会知道自己没有辜负父亲的期望和樊增祥先生的欣赏。

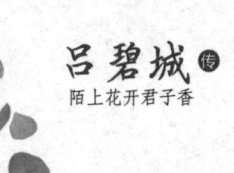

家庭巨变，祸不单行

　　燕子飘零桂栋摧，乌衣门巷剧堪衰。登临试望乡关道，一片斜阳惨不开。

　　荆枝椿树两调伤，回首家园总断肠。剩有幽兰霜雪里，不因清苦减芬芳。

——《感怀二首》

　　命运的劫数，冥冥之中或早有注定，在未可预料的时候就摆好了局。待到某一天突然袭来的时候，局里的人猝然只剩慌乱、怯弱，像消融的冰水，不知该流向哪里。

　　这命定的劫数，吕碧城注定逃不过。

　　碧城出生的时候，是家中第三个女儿。在此之前，父亲吕凤岐已经育有两子两女。他的两个儿子贤钊、贤铭均为原配蒋氏所出。蒋氏去世后，吕凤岐才娶了碧城的生母严氏士瑜。碧城的两个姐姐贤钟、贤鈖皆是士瑜所生。

　　后来，严氏又为碧城生了一个小妹，吕凤岐为她取名贤满，大抵是觉得吕家的女儿已经够多了,希望下一胎得子的意思。可惜这小妹自幼体弱多病,后吕家家道中落,几经磨难,不幸早夭了,而吕凤岐也没有再得子。

人们常说,在父母眼里手心手背都是肉。但或许因吕碧城聪颖早慧,诗词作画自小便超出同龄人许多。吕凤岐对这个三女儿总是偏爱许多。

无法否定的是,在徽州故居的那段童年时光中,小碧城活得就像长恩精舍院落里的一只蝴蝶一般,无忧无虑,自由自在。那个时候,父亲就像是全家人的保护伞,而伞下,承载着碧城姐妹众人天真快乐的幸福时光。

彼时,吕凤岐虽已辞官归乡,但家中仍开设当铺和米肆等。吕家家底殷实,吕凤岐更是志得意满。清朝末代,他于仕途正好时急流勇退,携一家老小返回徽州老家,辟一方清幽之地建宅。与清风做伴,以明月为友,再加上妻子贤惠,儿女绕膝,可谓"水寒江静,满目青山,载月明归"。这日子过得好不快哉。

然而历史的经验教训告诉我们,人们在得意的时刻迎来命运暴击的概率很大。吕家也不例外。碧城五岁时,某一天,吕凤岐偶然从夫子那里得知长子贤钊没去学堂上学。知道这个消息后,吕凤岐十分震怒,一气之下竟将贤钊狠狠责罚了一顿。

在那个还是以科举取士的晚清王朝,加之吕家世代以诗书传家,碧城长兄逃学之于吕凤岐来说,算是个了不得的大事了。必须重重责罚,也算是杀鸡儆猴,让其他子女不敢轻待学业。

没想到贤钊性格内敛，不堪父亲重罚，此事过后心中一直存有郁结。终于有一天，他似乎再也不能承受心底的这份忧郁，选择了自缢身亡。那一年，贤钊19岁，还未及弱冠之龄。

吕凤岐怎么也没想到儿子会走上绝路，心里十分难过自责。贤钊走后，吕凤岐大病一场，这一病，足足数月才恢复过来。然而身体是恢复了，长子缢亡却是他心中一道永远的伤口。这个伤口，只能靠家中次子贤铭及碧城四姐妹助其愈合了。

可偏偏福无双至，祸不单行。吕凤岐长子过世仅三年，次子贤铭又生病了，最终抱病而亡。吕家再遭悲剧，这一连串的打击让还未从上次的丧子之痛中走出来的吕凤岐陷入了更深的旋涡。他终日忧思过度，以致患上了头晕之症，身体越来越羸弱。

那时的碧城，年纪虽小，却将这一切都看在眼里。她不知道哥哥们死后去了哪里，也不明白两个哥哥去世之后，父亲为何经常把自己关在书房内，一待就是一整天。但小碧城经常看见父亲一脸严肃，愁眉不展。似乎父亲只有在看到碧城姐妹们填的词、作的画时才会展颜。

碧城自从知道了如何使父亲开心后，便在读书和诗词曲画上学得更加用心。吕凤岐看到女儿们都如此用功，心中也稍稍宽慰了一些，慢慢接受了两个儿子离世的事实。从此，他也更加重视碧城姐妹们的学业。而她们长大后也没有辜负父亲的期望，个个身怀不凡的才学。被人们交口称赞："淮南三吕，天下知名。"

可以说，在当时那样一个"女子无才便是德"的时代，吕凤岐能有如此开明的思想和宽广的眼界，着实难得。吕家三女，尤其是吕碧城更是当时的传奇人物。

世界上最让人底气十足的，不是尊重与平等，而是被偏爱。吕碧城能成为父亲吕凤岐最疼爱的孩子，不仅是因为她年纪小，更多的还是因为她那过人的天资和灵性。许是父亲在她身上看到了明朗的未来。

但即使是这样，也并没有改变那个时代人们对女子的看法。女性的才华再耀眼，都不过是在为将来出嫁时锦上添花罢了。那个时候，女人们最好的结果，就是在长大时嫁得一户好人家。从此相夫教子，操持后院。

如果吕碧城的人生没有意外的话，这样于她未必不是一个好结局。

在徽州旌德，同乡的汪家也是当地的名门望族，与吕家门当户对，算得上是世交。有一次汪家主人来拜访吕凤岐，父亲携汪氏一同逛花园时，恰巧碰见小碧城在秋千架上专心读书。父亲与汪氏经过时她也没有察觉，于是吕凤岐打算叫小碧城起来给客人打招呼。正要呼叫时，却被汪氏打断。

两人驻足认真听了一会儿小碧城的读书声，汪氏忽然说道："小女的读书声真悦耳啊！"吕凤岐听了连忙说道："不过鹦鹉学舌罢了，不值一提。"吕凤岐虽然嘴上这么说，心里却很欣慰。

那天中午，吕凤岐留汪氏在家用午餐。席间，汪氏见到了九岁的小碧城，十分欣赏。小小年纪就出落得如清水芙蓉一般，言谈举止间，更能看出大家闺秀的气质，不卑不亢，可见吕家平时的家教极好。

汪、吕两家本就门当户对，加之汪氏对小碧城十分喜爱，不自觉地就想起了自己与碧城同龄的儿子。一时间，心里早有盘算。

汪氏回家后不久，便请人来吕家提亲，说是先行订亲之礼，等碧城及笄之后再嫁到汪家。也许是吕凤岐觉得与汪家门当户对，这门婚事并无不妥，就应了下来。

第二年，小碧城和汪家公子正式订亲。和众多封建时代的包办婚姻一样，双方听从父母之命媒妁之言，而两人并未见过。

那时碧城尚小，但她知道父亲自小就是疼爱她的，父亲的选择定然不会有错。那时，她还未懂得什么是情爱，只读过书里的故事，将几句小诗记在心间。"妾发初覆额，折花门前剧。郎骑竹马来，绕床弄青梅。"年幼的碧城不懂其间的意味，但还是欣然接受了父亲的安排。

如果她的人生没有意外，往后的日子应该会这样度过吧：结婚、生子，然后相夫教子，成为汪家主母。一生也就这样了。

可惜，"我们趋行在人生这个亘古的旅途，在坎坷中奔跑，在挫折里涅槃，忧愁缠满全身，痛苦飘洒一地。我们累，却无从止歇；我们苦，却无法回避"。这世上，从未有过"如果"，如若有的话，也只是在痴人的梦里。

灾难来得太快，快得让人猝不及防。碧城十二岁时，吕凤岐在六安的新居落成，这座新房子历时三年才建成，花费了他不少的钱财和心血。吕凤岐打算在自己五十九岁大寿的时候一同操办乔迁喜事。那天，城内所有的富士乡绅都来贺喜参观，吕凤岐喜不自胜，与知己好友们推杯换盏，十分欢喜。

可就在这件喜事发生后不久，吕凤岐因长期劳累忧思过度，一病不起，没多久就撒手人寰了。生命是如此脆弱，还未等小碧城长大报答父母的养育之恩，吕凤岐就永远地离开人世了。父亲的去世，不管是对吕家还是对严氏母女四人，都是一个巨大的打击。

在此之前，小碧城目送过两位哥哥的背影，那时的她还不懂离别的意义，只想着哥哥们是去了一个新的地方，在那里，他们还会健康快乐地长大吧。那时候不曾流泪，也不知道悲伤。可是这一次碧城的心境不一样了。

父亲的去世，令她心里像是缺了一块什么似的，那是一份很重要的东西。她恍然间好像明白了，这次父亲离去就永远不会回来了。以后读书时，不会有父亲的耐心教导。以后作画时，不会有父亲的夸赞。以后的诗词里，会多一分对父亲的惦念……

燕子飘零桂栋摧，乌衣门巷剧堪衰。登临试望乡关道，一片斜阳惨不开。

荆枝椿树两凋伤，回首家园总断肠。剩有幽兰霜雪里，不

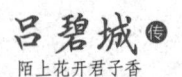

因清苦减芬芳。

一家之主骤然离世,给了这个本来安稳顺遂的家庭一个毁灭性的打击。吕凤岐生前,尚且是碧城姐妹众人的保护伞,是维系长恩精舍生计的一棵大树。在吕凤岐的维护下,碧城姐妹才可以无忧无虑地长大。

可世事难料,谁也没有想到吕凤岐会如此突然地去世。恐怕就连他自己也未曾想到,在他死后,严氏母女五人的境遇竟会如此艰难。

按照晚清的制度,女子是没有继承权的。因吕凤岐的两个儿子在早年的时候就已经先后离世了,而如今家中唯一的男丁也倒下了,那些早就不怀好意的族人纷纷上门,意图抢夺家产继承权。

他们眼里只有吕凤岐留下的财产,而不管碧城姐妹是否已经从失去父亲的悲痛中缓过来,是否有人为吕凤岐操办后事。钩心斗角的族人用言语威胁碧城姐妹,甚至将她们的母亲幽禁起来。

强权蛮横,无奈之下,她们只好将家中财产尽数交出。

一夕之间,风云变幻。小碧城觉得这一切好似一场梦,原本安稳无忧的生活,明明还在眼前。父亲奔走的身影,明明也还那么清晰。可,怎么就变了呢?

对碧城来说,这一切都是这般不真实。她极力告诉自己:"要撑住，不能放弃！"是啊，撑住，才有后来的一切。

她可是立誓要当聂隐娘那样的绝世女侠的。要做一个优秀的、不让父亲失望的人。十二岁，她就明白了要想成为一个优秀的人，就一定要有侠肝义胆，不要轻易向命运低下高贵的头颅。哭泣是懦弱者的悲号，哀叹是无能者的注脚。只有勇敢逼视命运的人，才能击败厄运，迎接好运。

"剩有幽兰霜雪里，不因清苦减芬芳。"那些曾令碧城遍体鳞伤的人和事，一定会变成让她强壮的养料。

寄人篱下，断红谁寄

寒意透云帱，宝篆烟浮，夜深听雨小红楼，姹紫嫣红零落否？人替花愁。

临远怕凝眸，草腻波柔，隔帘咫尺是西洲，来日送秋兼送别，花替人愁。

——《浪淘沙》

假如可以自己选择人生，一生平安顺遂当然是所有人的梦想。可惜世事无常，生命的步伐一直向前而不曾回头，这世上也从来没有"假如"二字。

自从吕家家产被族人抢夺之后，碧城姐妹们和母亲的处境就变得十分艰难了。她们原本想着把所有财产交出去之后，或许还能在吕家有她们母女五人的一处容身之地。可万万没想到，族人非但没有对她们孤儿寡母心生怜悯，反而更加刁难。似乎只有她们消失了才会罢休。

那时候，碧城不过也才十二岁，一个未谙世事的小女孩，一株还未绽放的莲花,她还没有好好享受童年的美好时光呢,却要在正当好的年纪瞥见人性的肮脏与丑陋。

都说人们性格中的所有线索都可以追溯至童年。一个人长大后的样子,或多或少是童年许多个瞬间堆积而成的。不得不说,吕凤岐的离去,也正是小碧城美好童年的逝去。十二岁那年发生的一切,不论是对她们姐妹四人,还是她们的母亲,都是一个巨大的伤害。

自那之后,碧城就变成了一只蜷缩的刺猬,对周边的一切人和事都充满戒备。此后,她更是难以轻易相信他人。

很多年后,她在读到鲁迅先生的《记念刘和珍君》时,竟不自觉地在文中一句话下面画了线——"我向来是不惮以最坏的恶意来推测中国人的,然而我还不料,也不信会下劣凶残到这地步。"必得是过去深刻经历过,感同身受的人,才会有这个无意识的行为。

时间永是流逝,街市依旧太平。吕家发生的一切之于旁人来说,始终不过是一个令人痛惜的故事罢了,并不会对他们的生活产生干扰。碧城渐渐明白了这个道理,不论现实的境况有多艰难,可日子终究还是要过下去的。今后自己活成什么样,亦与旁人无关。

终于,那一年她们的母亲做了一个重大决定。一向柔弱的她,在自己的几个孩子面前,似乎变得强大起来。毕竟严氏出身于书香门第,作为清代著名女诗人沈善宝的后人,自然有着更为高远的眼界和理性的思想。

她知道吕家已经没有她们母女的容身之所了，再待下去对几个女儿的成长只会更加无益。

碧城十三岁时，严士瑜带着碧城姐妹四人离开了庙首，重新回到安徽来安的娘家。要知道彼时徽州人是最看重女子的贞洁的，他们通过为女子立牌坊以旌表她们对夫家的忠贞节烈。严氏能在那样一个社会环境下做此决定，就足见她有着寻常妇女远远不及的远见。

跟随母亲回到来安外婆家的碧城，多了几分沉稳和拘束。一方面，她庆幸家人们终于逃离了吕氏族人的魔掌；另一方面，她心里也多了几分担忧。想起《红楼梦》中林黛玉寄居贾府时的战战兢兢，碧城不免觉得前方仍是一片迷惘。

不过就像鲁迅先生说的："前途很远、很暗，然而不要怕，不怕的人面前才会有路。"碧城虽然心底有担忧，但更多的还是对未来的期待。她相信，只要坚定前行，路上总会有梦想挥手相迎。

萧伯纳曾说："一个理智的人应该改变自己去适应环境，只有那些不理智的人，才会想去改变环境适应自己。但历史是后一种人创造的。"

所以，回到来安外婆家的碧城心里明白，以后的生活再不能像以前那样自由自在。寄人篱下，就得看人眼色行事。这些都是无可厚非的，但她相信自己绝不会成为另一个林黛玉。所有的荆棘之于她，都不过是前行路上留下的一个个脚印罢了。只要她的脚尖还朝着梦想的方向，她就绝不会轻易认输。

世间治愈的从来都是愿意自度的人。她心中早已暗下决定，不管将来遇见怎样的困难，她都要做最真实的自己，不负父亲生前的期望，不忘曾经立下的誓言，成为一个勇敢侠义，敢作敢当的女子。

然而福无双至，祸不单行。在来安外婆家，吕碧城本以为获得了一次重新开始的机会，却不料又发生了一件令她糟心的事——汪家退亲。

这虽是情理之中的事，但这一切似乎来得太快了些。那时候，距离碧城父亲去世还未满一年，严氏母女又几经磨难。汪家在此时退亲无疑是给她们的境遇雪上加霜。严家在来安也是大户人家，即使是鸡毛蒜皮的小事，也会有人议论纷纷，更遑论是被人退亲。

这散场的开始，也许是吕凤岐的去世，又或许是家产被夺。但不可否认的是，汪、吕两家已经不似当年那般门当户对了。彼时大户人家的嫁娶尤其讲究望衡对宇。吕碧城经此一遭，即使汪家主人再欣赏吕碧城的才华，也断不会让儿子将她娶回家了。

其实，早在碧城和汪家公子订亲的那年，母亲严氏就亲自去了一趟庐山，为吕碧城问卜婚事。严氏在供奉吕洞宾的仙人洞下得一签说道："两地家居共一山，如何似隔鬼门关？日月如梭人易老，许多劳碌不如闲。"

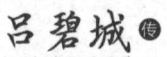

此签的大意是说汪、吕两家虽在一地，且是世交，但随着时间流逝，迟早会闹得不和睦。此时就不用为两家之事奔波劳碌了，因为到头来都只是一场空罢了。如此说来，吕碧城和汪家公子似乎注定有缘无分，擦肩而过。

吕碧城不懂，既是注定不会发生的事，为何命运还要如此捉弄于她，让她、她的母亲、她的姐妹们在本就困难的生活里饱受非议。

她恨过命运的不公，憎过周遭人的无情，也将这人性的丑恶看得明明白白。可此时她的力量还是这般弱小，即使她想反抗也是心有余而力不足。一个人的时候，她也只能将心事都寄托在这悲凉的词句里了。

寒意透云帱，宝篆烟浮，夜深听雨小红楼，姹紫嫣红零落否？人替花愁。

临远怕凝眸，草腻波柔，隔帘咫尺是西洲，来日送秋兼送别，花替人愁。

有人说："假如你想要一件东西，就放它走，它若能回来找你，就永远属于你；它若不回来，那根本就不是你的。"

这段有缘无分的婚姻对吕碧城来说或许就是这样。不是她的，她从来不愿意强求。不是她的，她也永远不会将就。她之所以生气、悲伤，全在于她觉得自己还不够强大，还不能保护家人不受伤害。

经过汪家退婚一事后，严氏似乎也明白了这个道理。只有女儿们一个个独立起来，学有所成，往后的日子她们才不会受人欺凌。她不得不为孩子们的将来做打算，于是碧城十四岁的时候，严氏忍痛又做了一个决定。这个决定，将会影响碧城的一生。

1896 年，严士瑜带着十四岁的吕碧城和十六岁的吕美荪来到天津。此行的目的，就是将自己的两个女儿托付给自己的兄弟严朗轩。彼时，严朗轩正在天津塘沽盐课司大使任上。虽然官不大，但于吕碧城姐妹来说，在舅舅的家中，已经要比在庙首、在来安要好上百倍千倍了。

自 1860 年清政府与英国签订丧权辱国的《北京条约》之后，天津就被要求开辟为商埠。几十年过去了，吕碧城所到的天津，早已没有闭关锁国之态。这里比之徽州老家和来安外婆家都开放发达不少。可以说，严氏此次为她们做的决定实在是再正确不过了。

在天津等待吕碧城的，是一个更广阔、更自由的天地。这里，才是吕碧城人生的真正起点。

碧城非常感谢自己的母亲。看着母亲孤身离去的背影，她知道前行的人和后退的人应该很难再碰面了。那一刻，她落泪了。

第二章 逆风前行的脚步

几经磨难之后,曾经那个天真烂漫的小女孩已经长大了。

在天津,她勤奋勇敢,逆风前行,认清了生活的真相后还依然热爱它;她有胆有魄,乘风破浪,越来越有自己的主张。天高地阔,在天津,她的人生故事方才真正开始……

离家出走的勇敢

百二莽秦关,丽堞回旋。夕阳红处尽堪怜。素手先鞭何处着?如此江山。

花月自娟娟,帘底灯边。春夜如梦梦如烟。往返人天何所住?如此华年。

——《浪淘沙》

很多时候,人们选择重新开始的方式,都是去一个新的地方。那里没有熟悉的人,没有熟悉的环境,周遭的一切都是新的,连带着将自己也定义为新的。那些往事,也如翻过去的书页,不应该再被提起。

来到舅舅家的吕碧城,终于卸下了武装已久的防备之心。舅舅谦和有礼,待她们姐妹二人很好。虽然严朗轩那时还只是一个八品小官,但供养碧城姐妹读书是绝对没有问题的。在舅舅家,吕碧城获得了比之来安更好的生活条件和教育条件。起码在这里,没有邻居的冷嘲热讽,也不必为生计担忧。她的生活,都是新的；她的未来，也是光明的。

一切似乎都已安定了下来。那几年，吕碧城异常勤奋，接受着最先进的教育，感受着最新潮的思想。虽然辛苦，却是吕碧城所热爱的。她打心底感激舅舅的供养与教育，感激母亲的远见。是他们，给了她一份安稳的生活。是他们，救赎了一个受伤的灵魂。

在塘沽，吕碧城的生活是安定了，可远在来安外婆家的母亲和小妹的境遇却越来越糟糕。如果说之前在吕家是身处狼窝的话，那么来安就无异于虎穴。平时，她们受尽娘家亲戚们的冷眼和欺凌。但严氏为了不让在外的女儿们担心，每次书信中都只报喜不报忧。

直到有一次，来安的亲戚们怀疑严氏手上还保留着吕家的部分家产，竟罔顾国法律令，伙同当地的土匪绑架了吕碧城的母亲和小妹，逼迫她们交出手里的财产。

严氏万万没想到自己的家人们竟卑劣到如此程度，心中寒凉，加上不堪匪人逼迫，竟一时想不开，带着幼女贤满准备饮鸩自尽。

然而上天似乎又是眷顾严氏母女的，当地县令及时发现了此事，将她们从土匪手里解救了下来。

得知母亲和小妹被绑架的吕碧城姐妹非常气愤。以前为了家人的生计，不管受了多少欺凌，她们都选择了隐忍。似乎只有忍让才能活下去。但这一次，他们的作为触及了吕碧城姐妹

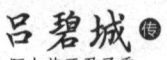

的底线，而她们也并没有打算再忍下去。

碧城姐妹从外地赶回来安家中看望母亲和小妹。等到将一切安顿好了之后，就联手写信给父亲生前的好友们求助。虽然回信的不多，但碧城相信，总有人会为他们挺身而出。这个人就是父亲的至交好友，时任江宁布政使和两江总督的樊增祥。

是他，在危难之际向严氏母女伸出了援手。在收到吕碧城姐妹寄出的求助信后，樊增祥立即从南京派兵前来，将来安当地的土匪恶霸一网打尽。与此同时，杀鸡儆猴，也对碧城在来安的那帮恶毒的亲戚起到一定的威慑作用。从此，他们再不敢轻易欺负严氏母女了。

曾经那个天真单纯的小碧城也慢慢长大了。她越来越有自己的主张，甚至可以保护家人了。

有人曾说："成长不是发现世界越发黑暗的过程，而是发现世界越发复杂的过程。儿时觉得世界美好，是因为简单，爱你的人为你阻挡了复杂。世界没有很糟糕也没有很美好，它只是复杂，只有好的一面和坏的一面都不代表真实。"

经过这件事后，碧城愈发明白了这个道理。这个世界很坏，所以在原则问题上决不能对任何人妥协，决不能委屈自己来满足别人，否则一定会让别人觉得你是个可以讨价还价的人，然后对你变本加厉。这个世界又很好，总有一些人会为你毫无保留。哪怕翻越高山湖海，踏过铁马冰河，也要把沿途的每一帧星芒都收进行囊，只为来日相逢时拿给你看。

随着年龄的长大，我们总会将这世间的善良和丑恶看得明明白白。碧城亦是如此，尽管受尽磨难，但她始终相信，走过平湖烟雨，岁月山河，那些经历劫数，尝遍百味的人，会更加生动而干净，一如她所填的这首《浪淘沙》——山川，如此华年。

百二莽秦关，丽蝶回旋。夕阳红处尽堪怜。素手先鞭何处着？如此江山。

花月自娟娟，帘底灯边。春夜如梦梦如烟。往返人天何所住？如此华年。

处理完来安诸事后，吕碧城和其二姐吕美荪重新返回到天津舅舅家，而那时她们的大姐吕惠如已经嫁人了，此事过后，便回到了婆家。

碧城这次回到天津，距离上次母亲送她过来已经六年多了。当年那个惶恐怯懦的小女孩已经出落成一个亭亭玉立、风姿绰约的大姑娘了。她阳光自信，才华横溢，即便是处在满街都是名媛的天津城，她也有着自己独特的光彩。

这次回来，吕碧城有了不一样的感受。她开始觉得母亲和小妹之所以经常受亲戚欺凌，归根结底都是因为女性的地位太过低下了。而在天津，生活在这个深受西方文化影响的城市，她学习的先进思想越多，就越发觉得当时中国社会有问题，尤其是女权问题。

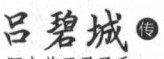

那时，大清王朝早已是末代飘摇的处境。自从经历了太平天国运动和一次次的西方列强侵略战争后，清政府是再也经受不住冲击了。眼看着清王朝日渐衰颓，许多爱国志士终于坐不住了。他们深受西方新潮思想影响，纷纷主张学习西方国家的文化教育、工业技术和先进思想。

在这样一个时代大背景下，许多人的女权意识正在觉醒。中国的女人们敢于主张自己的权利了。彼时国内不仅掀起了一场解放女性的运动，清政府迫于社会舆论压力，还提出了"兴学育才实为当务之急"的主张。许多城市开始创立女子学校，兴办女学。

这场运动的成功，对当时及今后女子的社会地位都是一个具有重大历史意义的转折。正所谓前人修路后人行，当今女子社会地位的逐渐提高，不仅是历史使然，更要感谢当年那些提倡女权，为解放妇女不懈斗争的勇士。吕碧城就在其中。

1903年，碧城偶然得知天津正在开办女子学校，心中十分向往。她当下决定，要离开塘沽奔赴天津去探访女学。她将自己的这个想法告诉舅舅，可万万没想到，舅舅听完碧城的话以后，非常生气，当场即批评了吕碧城。舅舅告诉她，女子就应该在家中待嫁，等到了夫家就要恪守妇道，生儿育女，相夫教子。这才算是一个女子的本分。

碧城知道，舅舅作为清政府八股取士的官员，封建价值观已经在他心里根深蒂固了。就算与他争辩也没有太大的意义。

虽然她也知道，舅舅是极疼爱她的，但这一次她决定为自己的人生真正做一次主。

与舅舅说完此事后，她心里已有打算。她要离家出走，独自闯荡江湖，做一名救世的侠女。是啊，在如此美好的年纪，怎能不做些自己热爱的事呢？碧城坚信自己的选择，将来也绝不会后悔。

"春夜如梦梦如烟。往返人天何所住？如此华年。"落笔时，碧城想到一句话：每个人的心里都有一团火，路过的人只看到烟。

柳暗花明遇贵人

仙麝吹尘,飞琼眷梦,余芳半入苔痕。细雨轻寒,空山鹤怨黄昏。劳他驿使重来探,道美人、已化春云。最无端、小劫匆匆,粉泪犹新。

返魂纵有奇香在,怅青天碧海,难觅吟魂。绿树婆娑,他时谁认前身。断肠曾照惊鸿影,剩桥头、素水粼粼。奈春波、流去天涯,影也难寻。

——《高阳台·落梅》

书上说,天下没有不散的筵席。不要怕,书上还说了,人生何处不相逢呢。

在几经聚散之后,吕碧城早已将这世间的云聚萍散看得明白。

在得知天津要开办女子学校的消息之后,吕碧城想要探访女学的一颗心早已按捺不住了。她想要离开塘沽奔赴天津,可是却被舅舅极力阻止。这时的碧城虽然心有失落,但她仍然没有放弃。

每一天，她都在寻求离开的机会。终于，皇天不负苦心人。

1903年春天，吕碧城偶然得到一个消息。舅舅的秘书方小洲的太太将要去往天津。她很快写信给方太太说明了自己的愿望。起初方太太是不同意的，但也许是被碧城的真诚和热血打动了，最终还是答应了。

碧城得知后，十分欢喜，当下就偷偷开始收拾自己的行李了，只待时机一到就随方太太出发。然而，逆风前行的路总是艰难的，在吕碧城以为将要飞出樊笼的时候，舅舅不知道从哪里得知了这个消息，遂将碧城狠狠责骂了一顿。

面对舅舅的责骂，吕碧城并没有气馁，而是更加坚定了离去的想法。就在与舅舅争吵后的第二天，吕碧城趁家人不备，偷偷溜出了家门。这一次，她只带了身上仅有的银钱，其他的什么也没带。

人生一世一事不为则太长，欲为一事则太短。在两者之间，吕碧城毅然选择了后者。

离开塘沽，奔赴天津。在心里，她已经做好了准备。离开舅舅家的那一刻，她的人生才算真正出发。

1903年塘沽的春天是值得纪念的。凉风阵阵，路旁的白杨挺直了腰杆，想要看湖边的杨柳何时吐芽。人们呼出的空气，也还带着上一个冬天的寒意。此时，一个二十出头的小姑娘正在快步疾行，往车站的方向赶去。

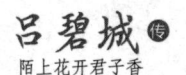

良久，她终于到了塘沽火车站。人山人海的车站里，身边都是些提着大包小包的旅客，吕碧城被淹没在人海里。她一路拥挤着向前，用身上仅有的银钱买了去往天津的火车票。

在穿行不断的人潮里，吕碧城突然停了下来，看着手里的乘车票，既开心又担忧。开心的是她终于要踏上这追梦的旅途了，从此自己的人生自己做主。担忧的是买完车票之后的她已是身无分文，到了天津，她又该怎么生存呢？一时间，碧城陷入了穷途末路的境地，但转念一想，舅舅家已然是不能回去的，后路既然已断，似乎也只能向前了。

那就继续前行吧。碧城在心里对自己说。

火车的轰鸣声越来越近，碧城心中的忐忑迷惘都被眼下的兴奋与激动替代。伴随着一声悠长而嘹亮的鸣笛，吕碧城踏上了火车，终于开启了这段优雅而绚烂的人生之旅。

仙麝吹尘，飞琼眷梦，余芳半入苔痕。细雨轻寒，空山鹤怨黄昏。劳他驿使重来探，道美人、已化春云。最无端、小劫匆匆，粉泪犹新。

返魂纵有奇香在，怅青天碧海，难觅吟魂。绿树婆娑，他时谁认前身。断肠曾照惊鸿影，剩桥头、素水粼粼。奈春波、流去天涯，影也难寻。

飞快的列车朝着天津的方向，在春天的热烈中一直向前，发出哐哐当当的响声。吕碧城坐在车窗内,看着沿途的风景,心中不免感叹。原来这一路的风景竟这般美丽。

"奈春波、流去天涯,影也难寻。"看着窗外曼妙的风景,碧城也没有忘记自己的处境。此前的人生里,她并没有走过多远的路,但她是经历过大喜大悲的人,在面对旅途时,心境总是悲凉许多。

她一边眺望窗外,一边撑手思忖着。身无分文的她到了天津,应该在哪里落脚呢?是否能找到一份心仪的工作呢?女子学校开设得怎么样了,会接受她吗?想到这些,吕碧城脸上不禁露出愁容来。

就在碧城一筹莫展时,突然,身边传来一个女人的声音:"姑娘,你这是要往哪里去?"

碧城像突然惊醒了一般,转过头来看了看身旁的女人。四五十岁的样子,面容和蔼,眼角微微上扬,声音也很温柔。虽然衣着朴素,但仍透露出一种高雅的华贵气息来。碧城礼貌地回答道:"我要去天津。"

"天津?我也是。"女人一脸惊喜地说道。

"嗯,是吗?那可真是巧啊。"碧城看这女人面慈心善,待人也很真诚,就继续与她聊了起来。这一来二去,碧城就把此行的前因后果都告诉了女人。女人在得知碧城的境遇后,心有怜惜,但更多的是欣赏。小小年纪就敢孤身一人前往天津,女人佩服吕碧城的勇气与胆魄,心想:我与这小姑娘同坐一列

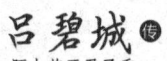

火车，又如此聊得来，这个朋友值得一交。

"姑娘，你若是没有落脚的地方，到了天津，不如先在我那里安顿下来吧。"善良的女人对碧城说道。

碧城听到这话，心中甚是感激，连忙对女人致谢，但又觉得有些不好意思，只说道："谢谢，可我如今身无分文……"

"不妨事，我最不缺的就是住的地方了。姑娘大可放心住下，这房租嘛，不急于一时，等你在天津找到合适的工作，赚了钱再给我也是一样。"女人解释道。

碧城心下想，到了天津一时也找不到落脚之地，就算有，身上也没钱，最后免不了要流落街头，这大姐心地如此善良，待人又热心，而且对自己此次离家出走一事秉持支持的态度，可见思想是开明的，真的比之以前遇到的那些人不知道要好了多少倍。

"好，那我就却之不恭了。敢问大姐为何说您在天津最不缺的就是住的地方了？"碧城问道。

"我在天津开了一家客栈，名曰佛照楼。"女人连忙回答。

"哦？"碧城心中大惊，没想到眼前这个女人竟是佛照楼的老板娘。

佛照楼是彼时天津有名的客栈，据传是由广东人出资建的。建楼至1903年，已经二十多年了，在当时天津的法租界内很有名气。就连1894年孙中山从上海前来天津，向晚清重臣李鸿章上书救国安民之策时下榻的客栈，也是佛照楼。

"青山一道同云雨，明月何曾是两乡。"到了天津之后，吕碧城随老板娘一起回了佛照楼。老板娘为她安排了住所和一切吃食，生活暂时算是安定了下来。

这一切是如此顺利，就连吕碧城自己也没想到，初到天津，就得逢贵人。她看着夜空中的一轮明月，又大又圆，想起了塘沽的舅舅和来安的母亲。心想，他们应该在责怪她的不辞而别吧，不知道舅舅有没有看到自己离家前，藏在他书桌前的信。

不过一切既然已经发生，这场筵席就算是散了。毕竟人生中的每一段旅行，都会抵达终点。当碧城踏上开往天津的火车的那一刻，塘沽的生活于她，就是结束。当她跟随老板娘一起来到佛照楼时，她的新生活就开始了。

"断肠曾照惊鸿影，剩桥头、素水粼粼。"过去的已然过去，明日的碧城，才是那个胸中有丘壑，立马振山河的女子。

终点永远在前方

水绕孤村,树明残照,荒凉古道秋风早。今宵何处驻征鞍?一鞭遥指青山小。

漠漠长空,离离衰草,欲黄重绿情难了。韶华有限恨无穷,人生暗向愁中老。

——《踏莎行》

这世间,能实现梦想的人实在太少了。许是人生路上的挫折和诱惑都太多了吧,能守住初心的人总是少数。同样地,最后能获得成功的,也是少数。

到了天津城之后,在老板娘的带领下,吕碧城看到了不一样的光景。街上小楼林立,到处是各式各样的商铺,热闹非凡。路旁的酒馆茶楼逐渐褪去了往日的飞檐画角,有了哥特式的建筑风格。穿着长袍马褂的人与西装革履的人站在一起,似乎也不那么突兀。

这一切在吕碧城的眼里,都是那样的新。新的城市、新的朋友、新的生活和新的人生。寄宿在佛照楼的这段时间里，碧城吃喝不愁。老板娘觉得与她有缘，对她极为欣赏，自然也将她照顾得很好。

碧城过惯了寄人篱下的生活，起初的几天倒也没怎么在意，只想着等她找到合适的工作了，再付给老板娘房租也不迟。可她没想到天津虽是大城市，但一个女子想要找一份心仪的工作，却也是不容易。再说又不能事事都麻烦老板娘，时间久了，碧城便有些着急了，越发觉得寄人篱下并非长久之计。

情急之下，她又想起了先她一步来到天津的方太太。当初因为舅舅阻止，所以没能同她一起出发。"不知道此时方太太是否还在天津，她会帮助我吗？"碧城在心里盘算着。不过此时除了老板娘，方太太是她唯一可寄托的希望了。

可她应该怎么找到方太太呢？碧城思忖良久，决定还是寻求老板娘的帮助。她向老板娘说明自己的诉求，请她帮忙打听方太太还在不在天津。老板娘经营佛照楼多年，人脉之广，自非常人能及。听完碧城的请求之后，立马派小厮在全天津打听了起来。没过几天，就有了消息。

原来彼时方太太正住在《大公报》的报馆之中。得知这个消息，吕碧城喜出望外，当下即想去报馆寻找方太太。可等她踏出佛照楼大门的那一刻，她又有些犹豫。心想：方太太的夫君是舅舅的秘书，他会告诉舅舅我在天津的消息吗？

吕碧城思来想去，还是决定先返回佛照楼，写一封信投石问路比较稳妥。回到房间，碧城立马铺纸研墨，坐在案前准备写信。她心情忐忑，字斟句酌，将自己的经历和理想都一一写进这封信中。碧城希望方太太在收到信后能看到自己的情真意切。

碧城写完信后小心翼翼地将其封装起来，下楼交给了老板娘。老板娘随即唤来楼里的小厮，嘱咐他将这封信送去方太太的住处。

接下来一连几天，方太太那边都没有回音，碧城便有些失落了。一天天的等待让她觉得这段时间非常漫长。慢慢地，她对方太太的幻想逐渐化成了泡沫。可不论怎样，生活总要继续下去。

碧城每天从送来佛照楼的报纸上搜寻招聘信息，一看到合适的便去应聘，奈何屡屡碰壁。失落、绝望像挥之不去的浓雾霾一般笼罩在她周围。可她又是骄傲的，她希望凭借自己的能力实现梦想。只叹"韶华有限恨无穷，人生暗向愁中老"。现在，她连自己都养活不了，在矛盾和挣扎中，她的内心饱受煎熬。

水绕孤村，树明残照，荒凉古道秋风早。今宵何处驻征鞍？一鞭遥指青山小。

漠漠长空，离离衰草，欲黄重绿情难了。韶华有限恨无穷，人生暗向愁中老。

难道一切都错了吗？难道女子就应该像舅舅说的那样，到了合适的年龄就嫁人,而后一辈子相夫教子吗?可是母亲就是这样的啊,最后还不是在族人和亲戚面前抬不起头来?不,不……这样的悲剧不能再重演了,我命由我不由天。

结束了一天的应聘事宜,碧城一边往佛照楼的方向走,一边攥紧了手里的报纸,面容看似平静,心里却一直在质疑,斗争。她不紧不慢地走着,脚步沉重,像一头受了伤的猛兽。

等回到佛照楼时,却看见老板娘一脸喜色地在门口等候。碧城见到她,才加快了些脚步。老板娘看到碧城回来,忙不迭地就往她这儿赶来,气喘吁吁地说道:"方太太已经等你很久了,快些回房去。"

"什么?方太太来了?"碧城满脸意外地问道。听到这个消息,碧城一时手脚无措,有几分惊喜还有几分慌乱。

这时,老板娘拍了拍她的肩膀,顺便将碧城手中的报纸接了过去,嘱咐她快回去。碧城看了一眼老板娘,便径直往回走,进了佛照楼的大门。老板娘则紧跟在她后面,似乎也在为她紧张。

果真,人只要活着,就有希望。一直向前走,就能看见在黑暗中闪光的生命!

碧城回到房间,一进门便看到一个端庄富态的女人优雅地坐在房内的小圆桌旁。碧城心想,定是方太太没错了,立马上前问好:"方太太,您好!不好意思,让您久等了。"

方太太见到碧城,也起身了,答道:"不妨事,我今日才看到你的书信。前两天孩子生病了一直没得空。这不,看到你

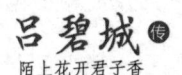

的书信后，就立马过来了。是我让你久等了才是。"良久，两人相视而笑。碧城连忙说："您快请坐，我去给您沏壶茶。"

话音刚落，碧城房门口就传来敲门声。碧城开门一看，原来是老板娘吩咐伙计给碧城和方太太送茶水和一些新鲜的水果来。碧城连忙道谢并将茶食接了过来。

这下，碧城和方太太可以好好聊聊了。

"碧城，读完你写的信之后，我非常感动，也非常理解和支持你的梦想。我结识的人不多，但有一个地方我觉得非常适合你。今天我将你的信笺拿给《大公报》的总经理兼总编辑英敛之先生看过了。他非常欣赏你的勇气和才华，有意聘请你到报社当编辑，不知你意下如何？"方太太温柔地握着碧城的手，对她说道。

听完方太太的阐述，碧城一下子怔住了，半天没回过神来。

"要是你觉得可以，不如明天就先搬到我那儿去吧。我现在就住在报馆里，你到了那边工作，诸事也方便许多。"方太太补充道。

要知道《大公报》在当时可是天津乃至国内都知名的报纸。在英敛之的带领下，《大公报》取材独特，内容新颖，针砭时弊，影响力甚广。碧城在塘沽时就经常读到《大公报》，对其很是欣赏。能成为《大公报》的编辑，一直以来都是碧城的心之所向。于她来说，《大公报》是最接近时事的地方了，那里，也会让她离梦想越来越近。

"好,一切就依太太,实在是叨扰了。等我今晚与老板娘交代情况后,明天就收拾行李搬去您那儿,到时还需在您的引荐下去拜会英先生。"方太太答道:"好!"

　　天色渐晚,碧城与方太太又聊了些相互寒暄的话。不久,碧城送方太太出了佛照楼,拦了一辆黄包车便往报馆的方向去了。

　　碧城回到楼中,便去寻老板娘,将一切事情都交代了。老板娘知晓眼前这个姑娘有她的目标和抱负,有她的才华与远方,自然是理解和支持碧城的一切决定的。老板娘知道佛照楼只是碧城为梦想过渡的地方,她的终点,永远在前方。她已然是吕碧城一生的朋友。

红颜主笔，初露锋芒

排云深处，写婵娟一幅，翠衣轻羽，禁得兴亡千古恨，剑样英英眉妩，屏蔽边疆，京垓金弊，纤纤手输去，游魂地下，羞逢汉雉唐鹉。

——《百字令》

人的一生总会面临很多机遇，但抓住机遇是要付出代价的。有没有勇气迈出第一步，往往是人生的分水岭。

如果说逃离塘沽，结识老板娘和方太太是吕碧城的机遇的话，那么成为《大公报》的编辑则是她人生的分水岭。至于代价，无非是来自舅舅等一众家人的谴责和天涯逆旅的孤独罢了，不过这些碧城都不在意。她在意的，向来只是天津这方天地能否容纳下她的初心和梦想。

离开佛照楼后，碧城便带着行李来到了方太太在报馆的住处。彼时方太太已经为碧城打点好了一切，只待她到来就能安顿下。碧城感念方太太的帮助，之后也时常帮方太太做些家务事。

碧城到报馆的那天，正巧《大公报》总经理兼主编英敛之也在，方太太就想着带碧城去见见他。问了碧城意见后，两人收拾完行李就去了。

碧城应该永远也不会忘记那天吧。报馆外面春寒料峭，寒风凛冽，而英先生的办公室内茶香升腾，暖意环萦。坐在沙发上的吕碧城表面波澜不惊，心里却早已是碧海翻腾的模样。她知道坐在她对面的那个人是多么优秀，也知道这次的机会有多么难得。

"你就是吕碧城？那封信是你写的吗？"英敛之看着眼前这位姑娘，缓缓问道。

"是的，英先生。"碧城答道。

欲取鸣琴弹，恨无知音赏。不过一盏茶的时间，两人从最初的生疏客套，慢慢变得畅所欲言。

英敛之十分欣赏吕碧城的才华，惊叹于她信中文字用词之精准，叙述之流利，还写得一手清新俊逸的好字，尤其见了面交谈一番之后，愈发觉得吕碧城不是寻常女子。于是，英敛之便当面向碧城提出邀请她到《大公报》做编辑的意愿。

彼时《大公报》名气虽大，但创办却只有一年时间，亟须广纳贤才。而且英敛之同一般办报的人相比，思想要先进很多。英敛之自小天资聪慧又肯学习，后来，他的思想受到维新派的影响很大，也是从那时开始，英敛之开始在报纸上发表文章，

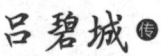

针砭时弊，在国内积累了一定的名气。

自1898年戊戌变法之后，大批知识分子受到清政府的通缉和追捕。康有为逃亡日本，"六君子"英勇就义。英敛之害怕被牵连，也逃到了天津，后一直在天津发展。

1902年，在朋友的帮助下，《大公报》在天津创刊，并且提出宗旨为："开风气、牖民智，挹彼欧西学术，启我同胞聪明。"至于"大公报"三字的寓意，英敛之解释为"忘己之为大，无私之谓公，报之命名固已善矣"。

《大公报》刊发的第一篇文章就是英敛之所写的白话文《戒缠足说》，对唤醒当时社会上的女性意识，推动女性权利的解放起到了不可磨灭的作用。如此一位思想新潮又主张女权的主编，在彼时可谓凤毛麟角了。

所以吕碧城遇见了英敛之，好比千里马遇见了伯乐，而英敛之遇见了吕碧城，不如说是伯牙遇见了钟子期。如此，英敛之势必要将碧城留在《大公报》当编辑了。而这对碧城来说，也是一个绝佳的机遇，甚至是人生的分水岭。

很多年后，她在自己的作品《欧美漫游录》一书中回忆初来天津时的遭遇："塘沽距津甚近。某日，舅署中秘书方某人之夫人赴津，予约与同往探访女学。濒行，被舅氏骂阻。予忿甚，决与脱离。翌日，逃登火车，车中遇佛照楼主妇，挈往津寓。予不帷无旅费，即行装亦无之。年幼气盛，铤而走险。知方夫人寓大公报馆，乃弛函畅诉。函为该报总理英君所见，大加叹赏，亲谒，邀与方夫人同居，且委襄编辑。"

自此，吕碧城不再依托别人而生存。她有干劲满满的事业，有光明正大的梦想，有一二精致的喜好，并且过着并不窘迫的日子。心底有光，目所及处、笔尖之下都是勇敢。

任职《大公报》编辑之后，在方太太和英敛之的帮助下，吕碧城逐渐熟悉了工作，并坚持创作作品，尤其是诗词。她的词从小就写得好，以前就深得晚清才子樊增祥的欣赏。

如今在报馆，碧城每天接触的都是新潮思想，国家大事。每有词作文章都会拿来给英敛之和方太太看，而后在《大公报》上发表。时间久了，作品多了，吕碧城在天津也是小有名气的才女了。但，真正让这个民国才女一炮而红的作品还是这首《百字令》。

排云深处，写婵娟一幅，翠衣轻羽，禁得兴亡千古恨，剑样英英眉妩，屏蔽边疆，京垓金弊，纤纤手输去，游魂地下，羞逢汉雉唐鹉。

一个时代的末期，也可以说是一个新时代的起点。但这个过渡时期，总是艰难的。人们一旦触碰到旧时代的壁垒，一不小心就会成为众矢之的。因为当权者总是不希望有反叛的因子挑战自己的权威，而普通百姓也不希望社会动荡，威胁到自己的生存环境，所以这些挑战权威的人，总免不了受人关注。

史书上说，大清王朝真正倾颓的标志，是光绪帝和慈禧太后的先后驾崩。那一年，国无宁日。一个王朝的主心骨没了，民心就开始动乱。有人高兴，有人忧愁，有人憎恨，有人惊恐！

在吕碧城眼里，慈禧太后崇洋媚外，竟然高喊着"量中华之物力，结与国之欢心"的口号祸国殃民，完全失了一个国家的尊严。这个女人把握大清政权长达四十七年。在这期间，各省人口骤减，百姓流离失所，饿殍遍野，而她却在紫禁城中养尊处优，奢靡无度。可是，当这样一个女人死了，国人竟然恐慌了，可悲可叹。能在兵荒马乱的时代看清事实，找准方向的人，总是少数。

那时已经是吕碧城在大公馆任职第五年了。在国人正在为光绪皇帝和慈禧太后的去世痛苦哀号的时刻，吕碧城，《大公报》的一个女编辑，在报纸上刊出了一幅漫画和一阕《百字令》。

"纤纤手输去，游魂地下，羞逢汉雉唐鹉。"这首百字令，虽没有指名道姓，但明眼人一眼就能看出来，是在指责慈禧太后将大清江山弄得支离破碎。她死后带着那些割地赔款、丧权辱国的条约游魂地下之时，怕也是无颜面对列祖列宗吧。

吕碧城词风犀利，一针见血，令所读之士产生极大共鸣，尤其是京津之地的有识之士们。这首词极尽嘲讽，无疑是给那些痛哭流涕的愚昧者当头棒喝，给维新派人士以前进的力量。一时间，这首《百字令》在京津地带广为流传，不仅那一期的《大公报》销量飙升，吕碧城的名声也轰动一时，引来诸多名流拜访。

这些人中，有时任清廷外务部驻直交涉特派员徐芷生，有直隶学务处行政官傅增湘，还有当朝著名画师缪嘉蕙等。他们与碧城见面后，或切磋诗画，或品茶论世，纷纷称赞碧城的才华与眼界。

尤其是缪嘉蕙，虽然已经六十多岁了，但画艺高超、诗才精湛，享誉于当世。她十分欣赏吕碧城，碧城也尊缪嘉蕙为老师，二人经常串门互动，切磋诗词画作，可谓忘年之交。

是啊，不管你承不承认，和志同道合的人在一起相处就是会更快乐。彼此有着共同的爱好，一起谈论周边的趣事，大概是复杂的生活里最简单快乐的事情了。

彼时，吕碧城在天津文坛初露锋芒，《大公报》的影响力也因吕碧城而更大更广。英敛之见此势头，就将碧城提拔为《大公报》的主笔，一来是肯定吕碧城的才华和名气，二来对报馆的发展也极为有利。

对于吕碧城来说，这更是一件值得欢喜的好事了，可以站在更高的位置上展示才华，更自由地做自己热爱的事，更坚定地追寻自己的理想。从此，她就是自己人生途中的宇航员，一步一步，努力勤奋，不卑不亢，直到遇见每个只属于自己的小行星。

第三章 明眸醒世，绽放如莲

少年就是少年，她看春风不喜，看夏蝉不烦，看秋风不悲，看冬雪不叹，看名动京津懒察觉，看不公不允敢面对。她，就是吕碧城，一朵醒世的莲花。二十多岁，只一支笔就唤醒了当世的女性，开辟一段精彩的人生之路。

高唱女权的斗士

夫君之于民,男之于女,有如辅车唇齿之相依。君之愚弱其民,即以自弱其国也;男之愚弱其女,即以自弱其家也……唯愿此后,合君民男女,皆发深省,协力以图自强。自强之道,须以开女智,兴女权为根本……

——《论提倡女学之宗旨》

当代女性有理想,有热忱,有和男子一样的教育和从业机会,一样平等的选择权,而且是那样自由,可在旧中国,女性的境遇和地位,与之相比却是完全不同。

不说别的,单从一个"女"字中便能窥见一二。"女"字在商代甲骨文中就是屈身下跪的形象;我国古书《周易》中也有主张妇女顺从专一、恒久事夫的卦辞,后来要求妇女殉夫守节,限制寡妇改嫁等。《说文解字》卷十二云:"妇,服也。"照此说来,女人即是男子的附属品,活着就是为了服从男人。男人死后,便将女人和他喜欢的宝贝、日用的兵器一同殉葬。

我们今天多数人所了解的对古代女子人格迫害的历史，严格意义上来说，是从宋朝开始的。随着"程朱理学"统治地位的建立，女子的人格受到了真正彻底的摧毁。那些理学家极力推崇"三从四德"的思想，就是这套理论，将古代女子迫害到了无以复加的地步。

所谓"三从"即是指女子"未嫁从父，既嫁从夫，夫死从子"。"四德"则是指"妇德、妇言、妇容、妇功"。他们认为，做女子第一要紧的即是品德，清白忠贞是立身之本。若有违背，就可能面临被沉塘、浸猪笼的风险。

有人说"女子在社会中的地位如何，是观察人类社会文明发展程度的一个重要标志"。可见封建礼教对女性的摧残是多么深刻。那么换而言之，是否破除了封建礼教的禁锢，就能解放女性的权利呢？吕碧城如是想。

自从 1840 年第一次鸦片战争以来，中国就陷入了半殖民地半封建社会。与西方列强一起来的，还有西方的先进思想。彼时，社会上已经掀起了一场女性解放运动。以康有为等为代表的维新派人士主张废除女子缠足之旧习，提倡男女平等，高唱女权主义。英敛之所创办的《大公报》就是其中一个战场。

吕碧城作为《大公报》的主笔，每天与天津城各路有识之士接触。在耳濡目染之下，加之自身经历的那些苦难，她早就想加入这场运动中来了。

一天下午，英敛之将报馆里的一众编辑召来自己的办公室讨论当今女性地位的变化，以为报纸选题。在场大多数人都是男性，只有吕碧城和方夫人两个女子。吕碧城从小就深受苦难。家产被夺、母亲被欺、寄人篱下……这一件件、一桩桩事的根本原因，就在于当时社会对女性人格和地位的贬低。因而，吕碧城对这个论题体会深刻且十分关注。

等到大家都说得差不多了，英敛之看向吕碧城。"碧城，作为女性，你有什么看法呢？"英先生此话一出，吕碧城便缓缓站了起来，说道："女学之倡，其宗旨总不外普助国家之公益，激发个人之权利二端。国家之公益者，合群也；个人之权利者，独立也。然非具独立之气，无以收合群之效；非借合群之力，无以保独立之权。其意似离而实合也，因分别详言以解明之……"

一开口，碧城再也停不住了，滔滔不绝地将自己关于女权女学的见解一一道来，旁边的人也听得热血沸腾。每到精彩的地方，都不禁连连称好。众人对眼前这个女子充满了敬畏和好奇。就连英敛之也不敢相信，这些都是从碧城口中说出来的，着实令人惊叹。

当天，众人一直聊到傍晚才回去。英敛之嘱咐碧城回去写一篇关于提倡女权的稿件，后在《大公报》上刊出。碧城喜不自胜，信心满满地应下了。当晚回到住所就开始伏案桌前，奋笔疾书，将自己对女权的见解都写进《论提倡女学之宗旨》一文中。

夫君之于民，男之于女，有如辅车唇齿之相依。君之愚弱其民，即以自弱其国也；男之愚弱其女，即以自弱其家也……唯愿此后，合君民男女，皆发深省，协力以图自强。自强之道，须以开女智，兴女权为根本……

碧城认为，君民之间，男女之间，理应是平等的。当权者不应该削弱国民的素质、财富和力量。这种行为是愚蠢的，最终还会导致国家的灭亡。一个男人不能善待自己的妻子，是家业衰败的重要原因。她在文中还倡导解放女性的思想，提高女性的社会地位和国民素质，如此才能使国家振兴，民族崛起。

这篇文章铿锵有力，字字句句无不体现了吕碧城深厚的文学功底和开阔的眼界。当她将这篇文章递给英敛之看时，英敛之对其大加赞叹，并决定发表在下一期的《大公报》上。

此前，推行女性解放运动的人大多是男性。英敛之将吕碧城的这篇文章发表在《大公报》上，则是将话语权交到了女性的手中，使得这场运动变得更加名正言顺。

此篇文章一出，"吕碧城"这三个字响彻京津。也是从这个时候开始，这三个字就被载入了中国女权运动的史册。吕碧城本人更是被时人称为"中国女权运动的首倡者"。至此，吕碧城才算是真正踏上了"兴女权，办女学"的道路。

民国才女刘孟扬在读完吕碧城的《论提倡女学之宗旨》一文后有感而发，写了一篇《书碧城女史论提倡女学之宗旨后》，

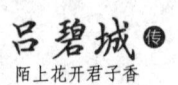

在文中她点评道："以女子论女学，故亲切有味，耐人深思。至理名言，非同肤泛。最可佩者，以二旬之弱女子，竟能言人所不能言，发人之所不能发。其词旨之条达，文气之充畅，直如急湍猛浪之奔流。而且不假思索，振笔直书，水到渠成，不事雕琢……果有闻女史之言而兴起者，则女学昌明，女权大振，家庭中有好教育，国民中自有大英雄，尚虑国家不能强哉？"

刘孟扬是当时有名的报刊主笔人，她的文笔犀利，见解独到，深受国人的好评。所以这篇评论举足轻重，在当时引起了不小的轰动。刘孟扬大赞吕碧城有着独特且敏感的洞察力，行文高度和视角更是不可小觑，并称赞其是振兴中国教育、昌明女权的先驱，是民族的大英雄。

真正的才华如火焰般难以收藏，假以时日总会燎原。诚如是，作为《大公报》的女学第一人，吕碧城借着如此优越的平台，发表了一系列的关于提倡女学、推崇女权的优秀作品，譬如《敬告中国女同胞》《兴女权贵有坚忍之志》等。她旗帜鲜明地提倡女性意识应该觉醒，女性权利应该得到解放，并倡导建立女子学校，赋予女性同胞受教育权。这些文字一针见血、气贯长虹，深受国人，尤其是新女性的喜爱、推崇。与此同时，吕碧城也积累了名气和大量的粉丝。彼时的国人，只要想到女权便能念起吕碧城，只要提及吕碧城必得谈论女学。

曾经那个受尽苦难，名不见经传的女子早已变成了一朵醒世的莲花，在民国的大舞台上绽放。果真，人生路上，还是要坚定些。因为总有一天，你会遇见春暖花开的景象；总有一天，你会将这条路走到灯火通明；总有一天，你会发现这个世界是多么辽阔。

总有一天，在看过人生路旁无数曼妙或丑陋的风景后，再去评判人事是好是坏，会更加深刻。吕碧城如是，我们也应当如此，要勇敢、要坚定、要努力、要上进，要变成自己想象中的样子。

到处咸推吕碧城

　　晦暗神州,欣曙光一线遥射,问何人,女权高唱?若安达克。雪浪千寻悲业海,风潮廿纪看东亚,听青闺挥涕发狂言,君休讶。

　　幽与闲,如长夜。羁与绊,无休歇。叩帝阍不见,愤怀难泻。遍地离魂招未得,一腔热血无从洒,叹蛙居井底,愿频违,情空惹。

——《满江红》

　　吕碧城极善填词,不论是在后世还是当时,都是有目共睹的。20世纪早期中国文化界,一群受过新式教育的人发起了一次文字革新运动——以胡适先生为代表的温和派人士主张在写作中,以实用的白话文代替晦涩难懂的文言文。在这场运动中,许多人为了响应支持,在创作过程中逐渐使用白话文,因而也渐渐放弃了填词作诗的爱好。

　　吕碧城亦是支持白话文运动的,但关于填词作诗,她却从未放弃。她喜欢填词,不仅仅是因为个人兴趣和天赋,更是对父亲吕凤岐和儿时光阴的一份惦念。所以,碧城将自己的思想和心境都填进一阕阕词曲中,是尽显才情,亦是纵情高歌。

碧城一生作词无数,甚至被后人称为"中国近三百年来最后一位女词人"。章太炎夫人汤国梨曾写诗赞她"冰雪聪明绝世姿,红泥白雪耐人思。天花散尽尘缘断,留得人间绝妙词"。碧城词之精妙,不仅在于她极善引经据典和用词遣句,更在于词的高度和思想。

彼时,人们最初知晓吕碧城,便是通过她笔下的一首《百字令》。时人都赞写词之人用词瑰丽,一针见血,却没想到是出自一名女子之手,所以深感意外。不过意料之外的事情带给人们的惊喜往往更大些。如此这般,吕碧城在京津的名气越来越大。碧城一旦有新的词作问世,京津的文人都争相抄录传诵。

吕碧城看到自己的词作影响力竟如此之大,便萌生了一个想法。若是将提倡女权的主张和思想写进词作中,势必会被更多人看到。于是,便有了这首名动一时的《满江红》。

晦暗神州,欣曙光一线遥射,问何人,女权高唱?若安达克。雪浪千寻悲业海,风潮廿纪看东亚,听青闺挥涕发狂言,君休讶。

幽与闲,如长夜。羁与绊,无休歇。叩帝阍不见,愤怀难泻。遍地离魂招未得,一腔热血无从洒,叹蛙居井底,愿频违,情空惹。

所谓"文章合为时而著,诗歌合为事而作"。在碧城生活的时期,西方列强欺压中国,清政府难以维系。那时社会上已

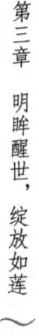

经有许多仁人志士在探索救国图存的方法。前有洋务运动西学中用，师夷长技以制夷，后有戊戌变法百日维新，六君子英勇就义。

虽然这些探索最后都失败了，但其给百姓们带来的思想冲击却是不可小觑的。国人没有放弃探索救国之道，吕碧城在振兴女权的道路上也越走越坚定。

这首词写成之后，碧城就拿给了英敛之看。英先生读完之后，大为惊叹，直说："碧城女史曩作《满江红》词一阕，极佳。"

第二天，这首词就发表在了当日的《大公报》上，并附有英敛之借夫人"洁青"的名义为此词写的跋：历来所传闺阁笔墨，或托名游戏，或捉刀代笔者，盍往往然也。昨蒙碧城女史辱临，以敝蓬索书，对客挥毫，极淋漓慷慨之致，夫女中豪杰也。女史悲中国学术之未兴，女权之不振，亟思从事西学，力挽颓风，且思想极新，志趣颇壮，不徒吟风弄月，摘藻扬芬已也。裙钗伴中得未曾有。予何幸获此良友，而启予愚昧也。钦佩之余，忻识数语，希邀附骥之荣云。

在这段序跋中，英先生开头即肯定了吕碧城的词作与历代女子的闺阁笔墨不同。接着，赞扬碧城的词风立意高远，豪气万丈，并赞其本人是女子中的佼佼者，实在令人钦佩。

这期《大公报》一经发表，吕碧城的这首词便如万里晴空中的一声惊雷一般，震动了许多仁人志士的思想，随即便在京津地区掀起了一阵"吕碧城热"和女性解放之思潮。也是在这个时候，吕碧城结交了各界仁人志士，其中就包括直隶总督袁世凯之子袁克文、李鸿章之子李经羲、慈禧专属画师缪嘉蕙等一众名流。

他们都非常欣赏吕碧城的才华和思想，尤其是缪嘉蕙。碧城和她算是忘年之交，碧城与她相识时，缪嘉蕙已经六十三岁了。两人时常在一处切磋诗词画艺。

缪嘉蕙对吕碧城提倡女权的主张非常支持，她曾写诗坦言："雄辩高谈惊四筵，峨眉崛起说平权。会当屈蠖同伸日，我愿迟生五十年。"缪嘉蕙十分期待男女平等那天到来，如果真的能够实现，她愿意迟生五十年。

缪嘉蕙一共为吕碧城写了两首诗，其中一首如上，是为了支持碧城兴女权而作，另一首，则是为碧城本人所作。诗中云："飞将词坛冠众英，天生宿慧启文明。绛帷独拥人争羡，到处咸推吕碧城。"缪老此诗不仅夸赞碧城才华横溢，天资聪颖，还精准地总结了当时吕碧城在文坛的名气。从一句"到处咸推吕碧城"中，便能窥见时人对她是多么推崇了。

彼时，吕碧城推崇女权思想已经数年了，在社会各界都积累了一定的人脉。一直以来，她没有忘记自己离家赴津的初心——探索女学。于是，她便向英敛之提出了自己兴办女学的想法。英敛之在了解吕碧城的想法之后，十分支持。不久之后，便邀请各界名流在《大公报》报馆内召开了一个会议。参与本次会议的大多是京津地区各界的知名人士，包括傅增湘、英敛之、

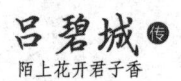

吕碧城、方夫人等人。

会上，众人皆认为"中国女学不兴实为华人前途之隐忧"，很快就达成了开办女子学校的一致意见，并就学校选址、捐款账簿、女教习等议题展开讨论。那天，从清晨到傍晚，众人在讨论了一天之后，终于拟订了一个创办女学的初步方案。

然而，创办女学谈何容易，真正实践后才知道困难重重。起初吕碧城兴致高昂，奔东走西，却万万没想到一切还没开始就一头撞了南墙。在建立学校之前，吕碧城和英敛之首先找到了傅增湘的太太黄夫人，并通过她结识了当时的直隶工艺局总办周学熙。可当碧城向其提出兴办女学一事时，他似乎想都没想就一口回绝了。一盆冷水浇下来，让原本兴致勃勃的碧城感到心灰意冷。

此时在塘沽的吕惠如，也就是碧城的大姐，得知了妹妹"皆为看女学堂事，而无人肯出首"的消息，便急忙从塘沽来到天津助碧城一臂之力。那时候的吕惠如在京津之地也有了一定的名气，便跟随碧城一起拜访当地官员名士，为兴办女学一事奔波。

办学不易。英敛之看着众人尤其是吕碧城东奔西走，但收效甚微，便劝慰吕碧城道："女学不必大办，但求先有萌芽大佳，诸事从简，自易成耳。"碧城深感办学艰辛，不过也懂得心急吃不到热豆腐的道理，听了英敛之的话后，心中宽慰许多，在办学一事上开始讲究循序渐进。

为了将女子学校真正兴办起来，英敛之帮了吕碧城很多忙。先是请傅增湘专门前往北京学部，咨询兴办女校诸事，后又向碧城引荐了时任直隶学务处总办的严修。严修早年是支持百日维新的官员之一，推崇中国教育必须改革的主张。后来辞官回乡后，他与著名教育学家张伯苓一起开创了南开大学，被称为"南开校父"。

严修很早就看过吕碧城的诗词文章，对她很是欣赏。两人见面后，吕碧城向其谈及兴办女学之事，他当下就同意了。随后，还将吕碧城引荐给了袁世凯。袁世凯得知吕碧城创办女子学校的想法，一番思量之后也欣然同意了。

很快，吕碧城等人便收到了好消息。"袁督颇愿办，与唐关道已议。"并且袁世凯允许拨千元为学堂开办费用，并嘱咐唐绍仪每月从筹款局划拨百金左右作为女子学校的运营费用。

有了政府的支持和足够的经费，创办女子学校诸事便很快提上了日程。选址、建校、招聘教习、商议学校体制……一切已经准备妥当。

众人商定将这所女子学校取名为"北洋女子公学"，由吕碧城担任学校的总教习。随后，《大公报》上刊登了吕碧城主笔的《天津女学堂创办简章》，文中规定学堂的宗旨为：开导女子普通知识，培植后来师范，普及教育。

学堂一经建立，消息便在京津地区传播开来，社会上许多人士纷纷为自家女儿报了名，只几天时间，北洋女子公学就招了几十名学生。自此,我国最早建立的公立女学堂成立了,吕碧城也正式踏入了教育界的大门。

这一年,碧城也不过才二十多岁,如此年轻便担任女子学校总教习,甚至与诸多学生一般大。此事在近代中国,算是开风气之先,同时为吕碧城熠熠生辉的人生添了浓墨重彩的一笔。

后来,碧城在一篇文章中回忆创办北洋女子公学的经历时,引用《为学》中的名句告诫后人:天下事有难易乎?为之,则难者亦易矣;不为,则易者亦难矣。人之为学有难易乎?学之,则难者亦易矣;不学,则易者亦难矣。

诚如是,这个世界上唯一的捷径就是勤奋,很多事情都是反人性的,但是仍然要为之努力。只要锲而不舍地努力,再难的事也会变得简单起来。

女子双侠的友情

寒食东风郊外路,漠漠平原,触目成凄苦。日暮荒鸱啼古树,断桥人静昏昏雨。

遥望深邱埋玉处,烟草迷离,为赋招魂句。人去纸钱灰自舞,饥鸟共踏孤坟语。

——《蝶恋花》

人世间最珍贵的莫过于真诚的友情。在我们年轻的岁月中,如若有一两个真挚的知己,这种缘分便值得我们珍惜。尤其是女子,大多希望能有一两个志同道合的朋友,有着共同爱好,还能共经风雨。

斯人若彩虹,遇上方知有。吕碧城在遇见秋瑾之前,从未想过这世上还有另一个自己。秋瑾在遇见吕碧城之前,也从未料到能在人生途中得一知心好友。这冥冥之中的缘分还要从"碧城"二字讲起。

秋瑾是浙江省绍兴府山阴县人,于1875年出生于福建厦门,

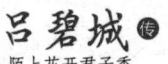

原名秋闺瑾，东渡学习后才改名秋瑾。秋瑾二十岁时，父亲秋寿南被调任至湖南湘潭任厘金局总办。当地有一户王姓富商，家中开有钱庄、当铺等资产。两家常有往来，且王家公子生得面目清秀、潇洒风流，还曾就读于岳麓书院，颇有文采。秋瑾父母对其甚是喜爱，便将秋瑾嫁与他为妻。

父母之命，媒妁之言。虽然秋瑾对王家公子并不了解，但在封建包办婚姻的体制下，她唯有妥协。1896年，秋瑾与富绅子弟王子芳成婚。但秋瑾自己并不满意这门婚事，且其婆婆思想十分守旧，每天早晚都要求秋瑾前去请安，对秋瑾非常苛刻。

1898年戊戌政变之后，王子芳花了上万两银子在北京捐了个户部主事的京官，秋瑾随其前往北京。夫妻二人相敬如宾，但仍然没有多深的感情。

一场因缘际会之下，秋瑾结识了丈夫同事的妻子吴芝瑛，两人十分聊得来，经常串门走动。吴芝瑛生于诗书世家，当时也定居在北京，因目睹清廷腐败，社会惨淡，便时常看些进步书籍。

秋瑾与吴芝瑛熟识之后，逐渐接触到新式思想，深感清廷的软弱无能。在吴的影响下，秋瑾思想上变得愈发激进，一颗救亡图存的革命之心慢慢按捺不住。她常常与吴芝瑛一起创作一些反映时局颓丧、主张革命的作品发表在各大刊物上，而当时秋瑾所用笔名便是"碧城"，在当时社会上积累了一定名气。

所以，当她在《大公报》上看到另一个"碧城"的名字时，心中感到意外。便不自觉地格外关注了这个碧城的作品。秋瑾在看完吕碧城的作品后大为赞赏，尤其是在看到其提倡女权，兴办女学的一系列文章之后，更加觉得与自己志同道合。当时，秋瑾正打算去日本学习新思想，想着经过天津时一定要去拜访吕碧城。

秋瑾到天津时，正值初夏时节，道路两旁的白杨树上绿意正浓，枝干上还停留了些鸟儿叽叽喳喳叫个不停。当秋瑾走到《大公报》报馆门前时，已近中午。她将手中一张红色名片递给了报馆看门的小厮，并向他表明自己此行的目的是拜访吕碧城，请他将名片递交至碧城手中。名片简简单单，上头只写着"秋闺瑾"三个字。

当报馆小厮将秋瑾的名片送到吕碧城手中，并告知楼下有人想拜访她时，碧城内心十分平静。毕竟这些年，想与她结识的人数不胜数。这种事于她早就司空见惯了。不过碧城在看到名片上的名字时，觉得陌生，想着天津也没有这号人啊。

出于礼貌，碧城马上下楼了。走至门口时，竟大吃一惊。用她后来在文章中回忆的话来说，眼前这个女子"头梳女人发髻，身披男人长袍马褂，甚是风流倜傥"。碧城被秋瑾的打扮吸引到了，她与碧城之前所见的女子大大不同，不由得引起了碧城的好奇心。秋瑾初见吕碧城时，亦用其在后来文章中回忆的话来说就是："如此年轻，如此漂亮，让自己啧啧称奇。"

一个是《大公报》的主笔，一个是革命的战士。两人一见如故，一番交谈之后，大有相见恨晚之意。当秋瑾对吕碧城说到自己的笔名也叫"碧城"时，吕碧城一下子反应过来了，说道："原来你就是与我同名字的'碧城'啊，我读过你的文章，写得入木三分，甚是深刻。"

当晚，吕碧城即邀秋瑾宿在报馆内，秋瑾欣然应允。两人彻夜长谈，一起探讨社会时局、救亡图存的方法。两人都很是欣赏对方的风采和主张，但也有各自的见解。

在救国救民一事上，秋瑾认为要想改变国家倾颓的现状，必须彻底地进行自下而上的革命。只有革命才能令国家强大，只有革命才能让国家站在世界舞台上。因此她邀请吕碧城与她一起前往日本学习，参加革命。

但吕碧城则持不同主张，她认为中国当下应该做的就是自上而下地进行改良，尤其是要改变国人的思想。她主张从教育入手，开启民智。她回复秋瑾："予持世界主义，同情于政体改革而无满汉之见。只做文字之役，以启民智为己任，待根基稳固，日后再作他图。"

碧城表示自己想做的是改良而非革命，革命充斥着暴力，甚至会伤及无辜。她希望的是洗涤国人的灵魂，提高他们的素质，从而壮大国家实力。

虽然两人在探索救国道路上有不同主张，但她们最终还是殊途同归。因为她们的目的都只有一个，那就是挽救江河日下的国家，拯救处于半殖民地半封建社会的黎民百姓。

"少年侠气，交结五都雄。肝胆洞。毛发耸。立谈中。死生同。"吕碧城和秋瑾两人灵魂相通，互相欣赏对方的才华和品格。与此同时，她们又是独立的女性，各有自己的主张。在不同的道路上，两人为了同一个梦想，都竭尽全力。

所以，意见不同并不妨碍两人成为知己好友。有人说："最好的友情，是各自忙乱，还能各自牵挂。"吕碧城和秋瑾便是如此。她俩在一处约莫三天时间，便畅谈了三天，终是谁也没能说服了谁。

有位作家说得好："在世间，本就是各人下雪，各人有各人的隐晦与皎洁。"大概是每个人到这世间都有自己的使命吧，该自己走的路，便只能自己坚持走下去。

三天的时间过得很快，秋瑾马上要东渡日本，开始她的革命生涯了。临行之际，吕碧城相送。秋瑾深感自己的才学比不上吕碧城，便对着她说道："'碧城'二字，我从今以后再也不用了，就让给你了。我还为自己取了一个新的笔名——鉴湖女侠，你看如何？"碧城答道："好一个'鉴湖女侠'，较之'碧城'，更加符合你的气质和风度。"

秋瑾欣然笑了，碧城也跟着微笑了起来。两人的默契只有她们自己才懂得。看着秋瑾离开的背影，吕碧城心中虽有怅然之感，但更多的还是对好友的祝愿。祝愿她一路平安，学有所成；祝愿她早日加入革命队伍，实现理想；祝愿她出走半生，归来仍是少年；祝愿她万里回归，不染岁月纤尘。

吕碧城 传
陌上花开君子香

秋瑾和吕碧城虽然身处两地,选择了不同的道路,但仍有信件联系。两人相互问候,相互探讨,就像初识时那样书生意气,挥斥方遒。

吕碧城还曾以秋瑾为例,将她的信件刊登在《大公报》上,以做宣传女权和女学之效。其中一封便是:"浙江秋璇卿女士,自号鉴湖女侠,慷慨激昂,不减须眉。素悲中国教育之不兴,国权不振,以振兴女学为栽培人才之根本,乃于上月初九日,由京启程,游学日本。日前,寄书于其寓津之女友云:'二十日到东京,即进实践女学校。一年后进师范学校。'并云'彼国妇人无不向学,我国女子教育需材甚急,我同胞能多一留学生,即他日多一师资'云云,志之以为中国女子之劝。"

从这段话语中,便能窥见吕碧城和秋瑾相知相惜的友情。虽然两人选择了不同的救国之道,但碧城表示秋瑾的理想抱负是值得肯定的,她身上那种忘我的精神值得所有人学习。她就是独立女性的代表,是振兴女权的标杆人物。此期《大公报》一经刊发,秋瑾的名气越来越大,支持解放女性、兴办女学、倡导女权的人也越来越多。

不是每一场相遇都有结局,但是每一场相遇都会有意义。吕碧城和秋瑾的友情就是这样,她们在短暂的相遇后匆匆而别,却在别离的日子里更加惺惺相惜。这就是知己,也许某一刻,她们都想活成对方的样子吧。

时间过得很快,几年的光阴,不过弹指一瞬。秋瑾留学日本的生涯结束后便马上回国了。两人又有机会一起为共同的理想而奋斗了。秋瑾回国后创办了《女报》，发刊词便是吕碧城写的。后来，碧城也常常创作作品发表在此刊上，以支持好友的事业。

只叹好景不长。秋瑾回国后的同年7月，一向主张革命的她与徐锡麟等革命党人在绍兴密谋起义，一心想推翻清廷统治。不料消息被泄露，导致起义还没开始就已失败。清政府下令逮捕秋瑾等人。秋瑾将其他人疏散了之后，没来得及逃走，不幸被捕。

吕碧城得知消息后，十分心痛，想方设法地营救秋瑾。无奈清廷对此事非常看重，将秋瑾秘密看押，根本不给碧城任何机会。据说秋瑾在被清政府抓捕时，就知道自己难逃一死。但抓捕她的县令李钟岳却对她极其欣赏，审讯时不但没有对她用刑，还搬来椅子给她坐。无奈不久之后，浙江巡抚下了命令要将秋瑾处死，以儆效尤。

李钟岳迫于官场压力不得不执行，毕竟当时他拿的是清廷的俸禄，必要做忠君之事。在临刑前，李钟岳问秋瑾可有什么未了心愿。秋瑾便对李钟岳说了三个愿望：不枭首示众、临刑不要剥她衣服、与家人朋友诀别。除了第三条之外，李钟岳全部答应她了。

1907年7月的某个清晨，秋瑾被押往绍兴古轩亭口。一路上，秋瑾面无表情，从容淡定。看着前来围观的百姓们，她眼中满是同情。生与死于她并没有多大的区别，因为早在参加革命的

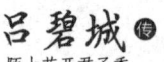

那一刻，她就已经将其抛之脑后。她知道，她死了之后，还有千千万万的革命党人正在路上。也许他们就在前来围观的这些百姓中，也许是他们的子女。

时间到了，令牌落地，伴随着一声凌厉的"斩"字，鉴湖女侠英勇就义。秋瑾被杀，恍如一声惊雷，震动了整个中国。一时间，社会舆论汹涌如潮，各地革命人士痛心疾首，欲揭竿而起。

当时《神州女报》发表文章《秋瑾有死法乎？》。文中言辞犀利，质问清廷："浙吏之罪秋瑾也，实为不轨，为叛逆。试问其所谓口供者何若？所谓证据者何若？则不过一自卫之手枪也，一抒写情性之文字也。"此文一出，《申报》《文汇报》《时报》等各大报纸纷纷响应，指责清廷没有证据就杀人的行为，为鉴湖女侠打抱不平。

清廷迫于舆论压力，不得不处置了导致这场悲剧的相关人员，浙江知府贵福和巡抚张曾扬更是落得身败名裂的下场。至于处死秋瑾的县令李钟岳，早前就因"庇护女罪犯"被撤职了。

秋瑾的遇难，令吕碧城感到非常痛心。没能将好友营救出来，她十分自责。吕碧城知道现在她能做的便是令秋瑾安息。秋瑾被斩首后，暴尸荒野，许多人因惧怕这是清政府的陷阱，都没敢去帮她收尸。唯有吕碧城冒着风险，将她的好友带出来好生安葬了。

或许这就是吕碧城和秋瑾之间的友情吧。即使筵席已散，此生都不会再相逢，但在吕碧城心中，秋瑾仍是永远的知己。即使她已逝去，碧城也会永远记得，曾经有一个"头梳女人发髻，身披男人长袍马褂，甚是风流倜傥"的女子来到她的生命中，为她的生活带来一份皎洁。

寒食东风郊外路，漠漠平原，触目成凄苦。日暮荒鸦啼古树，断桥人静昏昏雨。

遥望深邱埋玉处，烟草迷离，为赋招魂句。人去纸钱灰自舞，饥鸟共踏孤坟语。

多年后，碧城在回想与秋瑾相识相知的经历时，仍然不免忧伤。每年清明时节，吕碧城都要到秋瑾坟前为她上香，告诉她自己为她所写《革命女侠秋瑾传》已经发表在世界各大报刊之上，她已经是为世界所公认的"铁血英魂"，现在的社会也正在朝着她梦想的方向一步步行进。

又是一年清明节，碧城迎着东风冒着细雨走在去秋瑾墓地的路上。可她眼里看到的却是荒漠的平原，目之所及处都是凄苦。

烟雾弥漫，芳草迷离，碧城远远地看着秋瑾的墓地，她知道里边埋葬的是一个玉一样的美人。生前她是那么勇敢，那么热血，死后却如此凄清。碧城说"为赋招魂句"，要为她写一首招魂的诗，让世人重新记起那个为国为民，敢作敢当的鉴湖女侠。

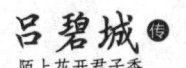

"人去纸钱灰自舞,饥鸟共踏孤坟语。"碧城回去时,只留漫天的香灰和一群饥饿的鸟儿在秋瑾的坟前起舞歌唱。秋瑾去世后,一直是它们陪在她坟前。碧城心想,也许秋瑾此刻是开心的吧,住在这山林间,不用直视这社会的惨淡,不用再为革命事业劳心劳力。她就在这山间,邀明月清风做伴,与青山白云为友,好不快哉!

暮色深浓,吕碧城必须回去了。她知道旧日的时光终有一天无法再辨认,与鉴湖女侠也不会再相逢。但前方的路还有未竟的事业,即使单枪匹马,孤立无援,她也会带着好友的理想坚定地走下去。

碧城相信冬天失去的景色,春天都会再现。下坡时失去的一切,上坡时都会逐一奉还。只要自己还有向上的愿望,就不惧落魄时的种种不堪。

政坛女杰，叱咤风云

莫问他乡与故乡，逢春佳兴总悠扬。金瓯永奠开新府，沧海横飞破大荒。

雨足万花争蓓蕾，烟消一鹗自回翔。新诗满载东溟去，指点云帆尚在望。

——《民国建元喜赋一律和寒云由青岛见寄原韵》

世事变幻，白云苍狗，即便再不愿，也无人可阻挡时代变迁，推陈出新的脚步。

清朝是我国历史上最后一个封建王朝，历经三百年，可以说是几千年来中国封建专制统治的顶峰。尤其康乾盛世时期，清政府实现了中华民族的大一统，还废除了贱籍制度，缓解了统治阶级和底层民众之间的矛盾。

更值得一提的是在此时期内，清政府进行了摊丁入亩、官绅一体当差纳粮、火耗归公等一系列改革，发明推广御稻、双季稻等高产作物，增加了国家的收入，减轻了人民的负担。据乾隆时期户部右侍郎于敏中记载："觐光扬烈，继祖宗未经之宏规；轹古凌今，觐史册罕逢之盛世。"从"罕逢"二字就能窥见，这个天朝大国的盛世风采。

然而盛世遮天，光鲜的局面下隐藏着巨大的危机，政治的腐败与社会矛盾愈演愈烈，各种衰败之象逐步显露出来，而清廷的社会统治和管理能力日渐衰微。1840年第一次鸦片战争后，清朝多次遭受列强入侵，领土和主权受到严重腐蚀，逐步沦为半殖民地半封建社会。

国家危难，当朝统治者和社会上的有识之士也开始了近代化道路的探索历程。洋务运动、戊戌变法和清末新政先后开展，但这一系列的尝试和探索最后均遭失败。

虽然失败了，但也并非没有任何作用。起码，唤醒了当时国人保家卫国的意识。戊戌六君子之一谭嗣同在英勇就义前对世人说道："各国变法无不从流血而成，今中国未闻有因变法而流血者，此国之所以不昌也。有之，请自嗣同始。"这个"我自横刀向天笑，去留肝胆两昆仑"的勇士用他的牺牲鼓舞了无数为国为民的仁人志士，掀起了社会上反帝反封建的革命浪潮。

1911年10月10日夜，伴随着武昌城内一阵阵枪林弹雨，辛亥革命拉开了历史序幕。南方起义军迅速占领了武昌，随后关内十八省纷纷响应支持，进行武装起义，宣布脱离清政府的统治。不到三个月，南方起义军便取得了阶段性的胜利。

1912年1月1日，孙中山宣布"中华民国"成立并就任中华民国临时大总统。此时，距离大清王朝覆灭也不远了。

孙中山等革命领导人本来是雄心壮志，意图一举北伐，直抵北京，消灭清王朝，奈何却出现没有财政来源的问题。财政危机直接导致了军饷难以准时发放，自然也就无法有效组织军队北伐了。

彼时，西方列强纷纷向清政府施压，他们大多支持袁世凯促使清帝退位，接受南方的条件实行共和制。迫于无奈，隆裕太后决定退位，代替溥仪发布退位诏书。

诏书中明确指出天下民心向往共和，同意由袁世凯全权组织临时共和政府，同时明确表明"仍合满汉蒙回藏五族完全领土为一大中华民国"。

清朝的覆灭，解放了无数被封建体制荼毒的百姓；民国的成立，让处于水深火热的国人看到了新时代的光芒。其中就包括一代才女吕碧城。面对中华民国的成立，吕碧城欣喜之余，挥笔写下一首《和程白葭韵》。诗中有言："春回大野销兵戟，雨润芳塍足苎麻。"表达了吕碧城对新时代来临的欢喜和兴奋。

时代是新的，体制是新的，许多不合时宜的制度都需要被改革。当时中华民国成立不久，社会各界人士纷纷向北京进献立国之策。其中有一条呼声极高，得到中国近代史上著名的女权运动倡导者唐群英的支持。这条国策就是支持女子参政。就连袁世凯的儿子袁克文也对其谏言："中国男女不平等压制了许多女性人才，现民国成立，应一改旧制，提倡男女平等，公

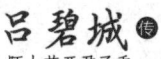

府当设女官。"

袁世凯刚刚当上大总统，胸中有雄心，眼里有壮志。在一番思考之后，综合多方意见，认为这个提议可行。于是，袁世凯亲自会见了当时主计局局长吴廷燮，并嘱咐他起草一份规制。

吴廷燮少年中举，曾在巡警部、度支部任职，对我国历代官制十分了解。听了袁世凯的嘱咐后，很快就将女官规制起草完毕。不久之后，中华民国对外宣布将设置尚仪、尚玺、咨议等九个级别的女官。这个举动在社会上引起了不小的反响，也间接为女权主义运动的发展增添了一份力量。

彼时，吕碧城是京津一代有名的才女和女权运动的倡导者。而且同年吕碧城正好从女子公学的总教习一职上卸任下来，加上她也是袁克文的知己好友，便自然在总统府女官名单的邀请之列。在好友袁克文的推荐下，吕碧城赴京担任总统府咨议。这个职位可以对国家大事提出意见，拥有参政议政的权利。

樊增祥曾有诗称赞吕碧城："天然眉目含英气，到处湖山养性灵。"碧城少年时，他便预言此女子将来必是不凡之辈。长大后，碧城的确做到了。在长达两千多年的封建历史长河中，她是第一个以公开聘用的方式担任政府要职的女子。无论时局如何动荡，无论事态如何发展，她时刻不忘初心，时刻保持清醒，时刻清楚自己的真正的价值在哪里。

在这个建立不到一年的政府里，吕碧城做事很有激情，凭借着自己出色的政见和才华，赢得了总统府内众人的认可。她还在题为《民国建元喜赋一律和寒云由青岛见寄原韵》一诗中表达了自己的热血和梦想。

莫问他乡与故乡,逢春佳兴总悠扬。金瓯永奠开新府,沧海横飞破大荒。

雨足万花争蓓蕾,烟消一鹗自回翔。新诗满载东溟去,指点云帆尚在望。

明日之我,胸中有丘壑,立马振山河。对于这个新生的国家,吕碧城充满了憧憬与期待。在其位谋其事,吕碧城在总统府咨议一职上尽情地释放着她的才华,如破蛹之蝶,为生命的辉煌翩翩起舞。

她认为,既然总统府选定了她担任这个职务,便要踏踏实实努力,有一番作为以报答这个新生的国家。山崩地裂,不可动摇,人言可畏,不能移志。吕碧城用"雨足万花争蓓蕾,烟消一鹗自回翔"的饱满精神状态表达了自己对未来的希冀和抱负。

在任上,吕碧城开始与诸多政界名流广泛交往。在她的感染下,许多政界人士非常认同她的见解和思想。尤其是在推动女权运动一事上,吕碧城更起到了不可磨灭的历史作用。甚至当时有人称赞她"三千年彤史中发此英杰"。

谁说女子无才便是德?吕碧城不仅用绝世才华向世人展现了一个新时代女性的才能与魅力,还用实际行动证明了一个曾经生活在沟渠里的人，也有仰望星空的权利和能力。

"新诗满载东溟去，指点云帆尚在望。"解开绳索，驶离安全的港湾，从此扬帆起航，去探索，去梦想，去发现。总有一天，我们都会看到自己的生命闪闪发光。

第四章 不遇天人不目成

　　吕碧城一生遇见的男子很多,有文坛才子英敛之、人生导师严传初、知己袁克文,还有一往情深费树蔚、道家风骨陈撄宁。当世才子,社会名流,却没有一人能陪她走到终点。

　　在爱情里,吕碧城清醒得像一朵警世的莲花,要么高傲地单身,要么轰轰烈烈地恋爱,却是从不将就。这就是吕碧城,独立倔强,清醒如莲。

决然的转身

  芜城惹赋,金谷迷香,梦里旧游暗引。飙轮掣电,逝水回澜,犹写落花余韵。记哀音、撩乱萦弦,琴心因谁绝轸。半摺吟笺,箧底尘封重认。

  还又仙都小寄,波腻风柔,琐窗人静。云鬟荡影,缟袂兜春,沾遍杏烟樱粉。最无端、艳冶年光,付与愁围病枕。问怎把、永昼恹恹,艰难消尽。

——《澡兰香》

  在人生这趟奔赴终点的列车上,我们会途经很多站台。亲人、朋友、爱人都是我们在旅途中遇见的人。他们陪我们欢喜、陪我们忧愁,却很难自始至终陪着我们走完这一生。

  吕碧城此生的知己好友不多,秋瑾算一个,无奈她英年早逝。

  那么,在那个时局动荡的民国舞台上,吕碧城会不会邂逅一段刻骨铭心的爱情呢?问世间情为何物,直教人生死相许。

爱情自古以来便有着一种神奇的力量，迎着阳光绽放，在猝不及防的瞬间令人沦陷。

当年，吕碧城一人独闯天津。流亡之际，碧城站在天津的街头寸步难行，一边是回不去的过往，一边是前路茫茫的深渊。碧城感到非常绝望，但就在这个时候，一个男人向她伸出了援手，发现了她的才华，并一手将她打造成《大公报》的主笔，文坛和杏坛的知名女性。这个男人就是英敛之。

在没有遇到吕碧城之前，英敛之的生活可以说是非常美满的。他不仅出身于清朝贵族，娶的妻子还是清朝皇族爱新觉罗·淑仲。况且他们的婚姻并非父母之命媒妁之言，而是两厢情愿，相知相爱。

爱新觉罗·淑仲是清朝皇室成员，她的父亲是当朝将军。在淑仲十几岁时，父亲为她找了一位家庭教师，教她学习新式思想。彼时，英敛之正是这个教书先生的书童，用现在的话来说就是助教。他的工作即是帮助先生准备教学资料，辅导淑仲完成功课。

如此，两人在一起相处的时间就多了，加上两人都处在情窦初开的年纪，互生情愫亦属正常。他们二人，一个是将军府的大家闺秀，一个是帅气俊朗的文学才子，实乃良配。淑仲的父亲也非常欣赏英敛之的家境和才华，对女儿和他的交往亦是支持的。因而这桩婚事就成了自然而然的事情了。

1895年，英敛之和淑仲在众人的见证下，喜结秦晋之好。

婚后不久，便诞下一女。他们夫妻二人如胶似漆，十分恩爱，恩爱到彼此认为这辈子都不可能对他人动心了。

是啊，如果没有吕碧城的到来，他们的感情应该不会起任何波澜。英敛之还是那个风流倜傥的英俊才子，爱新觉罗·淑仲还是那个人人称羡的女子。只是这世间的际遇谁又能预见呢？人生就是一场场邂逅，到达某个时刻某个地点遇见某个人，往往不需要刻意安排，就像英敛之遇见了吕碧城。

在那个男尊女卑的时代里，吕碧城书热血，办女学，才华横溢，敢作敢为，无疑是个独特的存在。但也就是这份独特，才让英敛之动了心。每日在报馆中与吕碧城探讨选题、针砭时弊，二人还一同参与兴办女学等诸事。渐渐地，英敛之对吕碧城从最初的欣赏转变成了爱慕。

爱慕一旦产生，在日常生活中就难免表现得有些暧昧。在《大公报》的那几年，英敛之对碧城是照顾有加的。除了处理工作上的事情，他还会请吕碧城去戏院听戏，去郊外踏青，一起乘车出游，带她认识社会名流……他为她填词写诗，赞她是"秋水伊人，春风春草"。

吕碧城是知道英敛之的心思的，也知道这个人对她恩重如山。如果不是英敛之，她可能还在天津的街头、人生的路口止步不前吧。

但在碧城心中，英敛之亦师亦友，却绝不会成为爱人。理性如她，高傲如她，知道他是有妻室的人，也知道他的妻子是何等贤惠。她不愿也不能成为他们感情的破坏者。即使那个时候，男人仍然可以三妻四妾。但对于吕碧城来说，她的爱情一定得是洁白无瑕的。"愿得一人心，白首不相离。"一心一意，才是她所追求的。

可是这世上没有无缘无故的爱，自然也没有无缘无故的帮助。凡有付出，总希望收获些什么。英敛之为吕碧城做了这么多，无非就是希望获得她的青睐。只是他未曾料到除了尊敬和感激，吕碧城并不能给他别的什么。时间久了，英敛之便有些沮丧了。

"怨艾颠倒，心猿意马。"每次见到吕碧城，英敛之总是生出这样的心境。他不想再向吕碧城隐瞒自己的真心了，他想明明白白地告知她除了惜才之情，他是爱她的。于是，他便将曾经为她填的那首词交给了吕碧城，她看完自会明白其间心意。

吕碧城早已明白英敛之的心意，只是以前他从未向她挑明。那个时候他们还可以像师生一样相处。可有些事一旦挑开来说了，性质就变了。他们也许连朋友也做不成了。

面对英敛之的强烈追求，碧城想起昔日种种，想起在《大公报》写的那些文章，想起与英敛之及其妻子淑仲的友情，终是选择了离开。离开报馆，离开英敛之，离开这份不合时宜的感情，去寻找新的天地。

或许这就是人与人之间的缘分吧，相遇得太早或太迟都是一种错过。这世间不是所有人都能恰逢其时地遇见。有些人在对的时间遇上错的人，有的人在错的时间遇上对的人。这是一种遗憾，也是人们常说的有缘无分。

吕碧城离开《大公报》后，英敛之起初很生气。他对吕碧城的决绝感到心痛，于是由爱生恨，导致两人的关系急转直下。他曾在《大公报》上载文批判她的穿衣风格。文中言道："招摇过市，不东不西，不中不外，那一种娇艳的样子，叫人看着不耐烦。"

虽然英敛之没有点名道姓，但吕碧城看得出他是在讽刺自己，不久之后便在《津报》上发文反击。由此，一场关于女性穿搭的辩论就在天津文坛展开了。

这件事不知是英敛之为了吸引吕碧城的注意，还是不想让她从自己的生活中离去，但他们二人却是再也回不到从前了。许多年后，吕碧城在回忆起这段往事时觉得伤感，便将所有的苦闷和遗憾都写进了这首《澡兰香》之中。

芜城惹赋，金谷迷香，梦里旧游暗引。飙轮掣电，逝水回澜，犹写落花余韵。记哀音、撩乱紫弦，琴心因谁绝轸。半摺吟笺，箧底尘封重认。

还又仙都小寄，波腻风柔，琐窗人静。云鬟荡影，缟袂兜春，沾遍杏烟樱粉。最无端、艳冶年光，付与愁围病枕。问怎把、永昼恹恹，艰难消尽。

张爱玲在《红玫瑰与白玫瑰》中说："也许每一个男子全

都有过这样的两个女人，至少两个。娶了红玫瑰，久而久之，红的变了墙上的一抹蚊子血，白的还是'床前明月光'；娶了白玫瑰，白的便是衣服上的一粒饭粘子，红的却是心口上的一颗朱砂痣。"

不得不说，在理性和感性的交锋中，吕碧城的转身是清醒而理智的。她不愿成为英敛之的红玫瑰或是白玫瑰，也知道自己不能给英敛之任何关于爱情的许诺。所以唯有离开，才是最好的选择。

即使离开了，碧城心中对英敛之仍是感激的。她仍然把他当成人生路上的伯乐去尊敬去爱戴。毕竟那些年，是他帮助她走出了困境，找到了前进的方向。无论如何，这份知遇之恩，碧城是永不会忘的。

就像在后来的生命旅途中，她一直将一枚"敛之氏"的自刻印章带在身边。这足以证明，吕碧城对英敛之是心存一份情谊的。她亦没有忘记，当年那个坐在《大公报》报馆中的男子与她说的第一句话："你就是吕碧城？那封信是你写的吗？"

"记衰音、撩乱紫弦，琴心因谁绝轸。半摺吟笺，箧底尘封重认。"碧城从箱底拿起曾经给方夫人写的那封信，不由得想起一些往事。这些记忆中最多的画面，还是与英敛之相处的日子。他们惺惺相惜，谈笑风生，议论时政，共同办报办学……那些画面是多么熟悉，多么深刻。不过碧城知道与英敛之之间有这些记忆便已经足够了，足够美好，足够温暖。

在碧城离开《大公报》后，英敛之花了很长一段时间才冷静下来。最后他亦是明白的,自己不过是吕碧城人生路上的一个驿站,可以给她整顿出发的勇气,但也不能将她困在自己身边。总有一天,他们会分离,即使心有不舍,也该心存感激,然后挥手道别。

拜师严复，有缘无分

一桁帘漪荡晚烟，青琴弹冷碧云天。井栏梧叶传凉讯，指下秋风起素弦。

孤坐久，未归眠，桂花摇影露涓涓。消魂最是初三夜，一握么蟾瘦可怜。

——《鹧鸪天》

海内存知己，天涯若比邻。人生难得一知己，一起烹茗煮茶，谈书论道，互相欣赏，彼此懂得。有人说，有一种友谊来自心灵的契合，无须时间酝酿，便倾盖如故，无须时空的交叠，也能在精神的维度交流。这种友谊便是"与君初相识，犹如故人归"，如吕碧城和严复一般。

吕碧城和严复年纪相差近三十岁左右，他们的人生照理应是没有交集的，却偏偏在清末民初的时代，演绎了一段令人羡慕的情感。他们之间，无须多言，便能相互理解；无须提及，便能相互扶持。

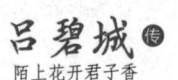

严复是福建侯官人，1853年出生于当地的一个医生家庭。少年之时，严复考入了福州船厂附设的船政学堂，接受了先进的自然科学教育，历时五年以优异的成绩毕业。二十岁那年，他获得公派留学的资格，先后进入朴次茅斯大学和格林尼治海军学院就读。留学期间，严复涉猎了大量的西方资产阶级政治学术理论，对英国的社会政治制度极为欣赏。

回国后，严复应清政府邀请，先后担任京师大学堂译局总办、上海复旦公学校长、安庆高等师范学堂校长、清朝学部名辞馆总编辑等职务。渐渐地，严复由海军领域转入了思想领域，他积极倡导西方的启蒙教育，并创办了《国闻报》，向时人系统地介绍西方民主与科学的思想。

严复是我国第一个将西方的社会学、政治学、经济学以及哲学理论较为系统地引进中国的人。戊戌变法时，严复极力支持康有为等维新派的主张，并通过《国闻报》为其大造舆论。

同年，严复发表译著《天演论》，阐述"物竞天择，适者生存"的自然进化法则，唤醒国人"自强保种""救亡图存"，否则就要"亡国灭种"。可惜最后百日维新运动失败了，但严复等人宣扬的维新思想却启蒙了一代国人。

如此学贯中西的一个人，吕碧城对他仰慕已久，极其想拜入他的门下。严复也早已看过吕碧城的文章和诗词，对她的主张和才华十分赏识。两人心中早有结识彼此的愿望，于是邂逅便是迟早的事了。

彼时，严复与津门文化名人多有往来，如严修、卢木斋、傅增湘、王劭廉、张伯苓等，尤其与英敛之过从密切，非常支持他创办《大公报》，遒劲工整的"大公报"三个字即出自严复之手。1906年，在英敛之的引荐下，严复得识才女吕碧城。

很多人都说吕碧城能够与严复相识相知，得益于英敛之的引荐。不可否认，英敛之在其中有牵线搭桥的作用，但真正志同道合的人，即使隔着山海也不觉得遥远；志趣相悖的人，即使近在眼前也不觉得亲近。即使没有英敛之，吕碧城和严复也会在将来某个时刻某个地点邂逅。

他们相识那年，严复已过知天命的年纪，但吕碧城正值大好青春。两人互相欣赏，常有书信往来，一起探讨新式思想，交流诗词文章等雅趣。一来二往，便结成了忘年之交。

1908年，严复应杨士骧之邀，从上海到天津担任总督府顾问一职。吕碧城得到这个消息后，便立即前往严复的住处拜访他。碧城非常仰慕严复的才学，在他抵达天津后的半个月中，就去拜访了严复五六次。严复也非常欣赏吕碧城，赞她"高雅率真，明达可爱"，"携收为女弟子"。

要知道以严复在当时的才学和身份，想要拜他为师的人可是数不胜数的，自然他对收徒的要求就特别严苛。吕碧城能得到严复的认可，可见两人在思想和才学上产生了极大的共鸣。严复还专门为吕碧城讲解外国名作《名学浅说》，也就是逻辑学说。他在给吕碧城的讲义上写下"明因读本"四个字。碧城遂将自己的字改为"明因"。除此之外,严复还带着吕碧城一起参与这本书的翻译工作,让她学得一口流利的外语。

严复一生阅人无数,但吕碧城在他眼中,一直都是知音般的存在。像一本写满故事的书,令他爱不释手。所以在他得知吕碧城离开了《大公报》后,便及时为她提供了一个充满诗情画意的精神港湾。不过随之而来的,便是师生二人婉约暧昧、欲说还休的一场男女情缘。

其实,严复在认识吕碧城之前早就成家了。他有两妻一妾,原配王夫人过世后,他便娶了小自己二十六岁的江莺娘为妾。江莺娘嫁给严复时不过十三岁,照理说应该十分得严复疼惜的,但现实中却没有。她性情刚烈,十分善妒,加上又不识字,时间久了,便引得严复对其非常厌烦。

严复心灰意冷之下,便又娶了续弦朱明丽。这一动作彻底激怒了江莺娘,她总是醋意满满,扰得家宅不宁。严复为了避免家庭纠纷,便将江莺娘带在自己身边,留正室夫人朱明丽在家打理一切事宜。但江莺娘要求严复在她与朱明丽中选择一个。严复对她不予理会,但江氏誓不罢休,导致最后两人落得个不欢而散的地步。

如此,严复家中便只剩朱明丽一人了。因严复常年在外,与这个妻子聚少离多,所以二人除了相敬如宾之外,也没有多少情谊。朱明丽虽然识字,却很难与严复达到精神上的共鸣。

但自从严复遇见了吕碧城,一切就开始变得不同了。他觉得自己终于找到了一个志同道合的，能与他在精神上产生共鸣的女性。他欣赏吕碧城的才华，更钦佩她在这个男尊女卑的封建体制下独树一帜的风采。渐渐地，严复对吕碧城的感情，由最开始的赏识变成了爱慕。他知道很多时候，爱情是不受年龄辈分所约束的。

但彼时严复毕竟是吕碧城的师父，在不知道碧城的心意之前，他自是不能轻易表露自己的情感。所以很长时间，严复在吕碧城的生命里都扮演着一个老师的角色。不可否认的是，在吕碧城拜严复为师后，不仅学习到了更多的知识和先进的思想，还收获了人生中的另一个知己。

1908年的秋天，秋风瑟瑟，黄叶飘零。一向极少写情事的严复，竟出人意料地为吕碧城作了一首诗。此诗名为《秋花次吕女士韵》，句句都在赞誉碧城的才情和美丽。其中一句"五陵尘土倾城春，知非空谷无佳人"，更是严复第一次向吕碧城隐晦地表达自己的爱意。

就在这首诗作成的第二天，严复在写给外甥女何纫兰的另一封书信中，专门介绍了他对于吕碧城更进一步的深入观察："碧城心高意傲，举所见男女，无一当其意者。极喜学问，尤爱笔墨，若以现时所就而论，自是难得。但以素乏师承、年纪尚少，二十五岁，故所学皆未成熟。然以比平常士夫，虽四五十亦多不及之者。身体亦弱，不任用功。吾常劝其不必用功，早觅佳对，渠意深不谓然，大有立志不嫁以终其身之意，其可叹也。"

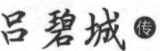

吕碧城 传
陌上花开君子香

都说吕碧城活得太过于清醒，以致一生都在等待。等一个良人出现，等一场只属于她的轰轰烈烈的爱情。她也确实不是没有想过自己将来会和一个怎样的人携手一生，但那都是明天的事情了。明天如何，自有定数。今天只用珍惜就好了。

男女之间，不是所有的情感都能转换成爱情。在吕碧城心中，严复于她来说，亦师亦友，如父如兄，但就是没有爱情。虽然二人曾经就"婚姻自由"的论题达成高度共识，但他们之间的爱情萌芽，也仅限于这个议题。

一桁帘漪荡晚烟，青琴弹冷碧云天。井栏梧叶传凉讯，指下秋风起素弦。

孤坐久，未归眠，桂花摇影露涓涓。消魂最是初三夜，一握幺蟾瘦可怜。

自从读过严复写给她的那首诗后，吕碧城隐约知晓了一点严复的心意，但她选择了不回复。也许她也曾幻想过吧，假如严复没有娶妻生子，假如他再年轻二十年，假如她能与他相遇得再早些，也许她真的会爱上他吧。偏偏这世上没有"假如"，所有的因果早有注定。在她与严复之间，也只能道一句"有缘无分"。

"孤坐久，未归眠，桂花摇影露涓涓。"吕碧城坐在案前认真思考着她与严复之间的情感。良久，她都只能得出一个结论，那就是知己和师生。严复亦是懂得，爱一个人最好的结局自然是得到和拥有，但这只针对双向的爱情。如若她不爱，他便该去往更广阔的天空。

所以，他不会像英敛之那样，将碧城逼得无路可走。他愿意接受碧城的敬意，也理解她的选择。因为他们是读懂了彼此的，如此才能让这段不合时宜的情感走得坦然和纯粹。

津门有幸，造就了严复这样一位杰出的我国近代启蒙思想家、教育家、翻译家。他的辉煌业绩主要在天津形成。津门有幸，接纳过吕碧城这样一位卓越的词坛大家，是天津最早为她提供了充分展示才华的平台。

严复与吕碧城是一生的知己，他们的名字，永远镌刻在天津的文化丰碑上。

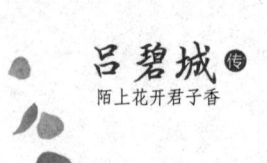

婉拒袁公子

　　紫泉初启隋宫锁，人来五云深处。镜殿迷香，瀛台挹泪，何限当时情绪。兴亡无据。早玉玺埋尘，铜仙啼露。菿六韶华，夕阳无语送春去。

　　鞓红谁续花谱。有平原胜侣，同写心素。银管缕春，牙籤校秘。躞蹀三千珠履。低回吊古，听怨入霓裳，水音能诉。花雨吹寒，题襟催秀句。

——《前调·寒庐茗话图为袁寒云题》

　　听雨哭泣，是伞一生的宿命，但是伞过得说不定没那么单调。太阳大时，它也许与光同舞；雨来时，它也许听雨哭泣；没有太阳没有雨的日子，它也许在角落里看灰尘轻飘，满心期待着它的光、它的雨。就这样，伞过得也很好。

　　在坎坷波折的人生旅途中，很多时候吕碧城就是这把伞。她心性淡然，从不在意身边的人是如何来去匆匆。她品性高洁，始终不忘最初的热忱与理想，只愿凭一己之力为心爱之事奉上全部努力。对于友情，她向来崇尚"山河不足重，重在遇知己"的理念，不求照亮人生路，但求不拘形迹、彼此懂得。

这样的人在她的生命中，除了英敛之，除了严复，还有一个。他深深地爱慕过吕碧城。很长一段时间，与她形影相随。这个人便是寒云公子袁克文。

袁克文是袁世凯的次子，1890年出生于韩国首尔。

袁克文六岁识字，七岁熟读《诗经》，十岁能写文章，十五岁精通诗赋，十八岁授法部员外郎。天资聪颖的他特别钟爱于吟诗唱词，却不喜欢参与政坛之事。就连十八岁那年做的官，也是清政府以荫生为由授予。袁克文一生就当了这一次官，但就是在此官任上，他结识了吕碧城。

当时吕碧城与秋瑾是好友，秋瑾起义失败后被清廷逮捕。秋瑾英勇就义后，清军开始大肆搜查革命党人的资料。不料在秋瑾家中，官兵搜到了吕碧城写给秋瑾的书信。于是负责搜查的清军便将这些书信提交给了法部，要求抓捕吕碧城。而此时，袁克文正在法部任职员外郎。他早就对这个名动京津的才女有所耳闻了，而且他非常欣赏碧城的词作。

在看到下面呈上来的信件材料后，袁克文便将此事告诉了父亲袁世凯。袁世凯与吕碧城是见过面的，亦非常欣赏吕碧城的才学。在袁克文的劝说下，袁世凯亲自去法部跑了一趟，并对法部的人说道："若有信件往来便是叛贼，那我老袁岂不也是叛贼了？"

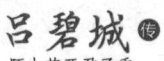

袁世凯在当时深受清廷信任，颇有社会威望。既然他都开口了，法部的人便不敢轻举妄动了。吕碧城算是有惊无险地躲过了一劫。在得知是袁家二公子帮了自己之后，她便决定前去直隶总督府拜访袁克文，以表谢意。

缘分，有时候就是一样妙不可言的东西。因为你永远不知道，在下一刻，在下个地方，会有哪一个人，不早不晚，不远不近，与你相逢，为你等在那里。袁克文与吕碧城，一个是不可一世的富家公子，一个是才华横溢的文坛才女。他们的相遇，注定会碰撞出火花来。

袁克文遇见吕碧城时，不过才十八岁。无疑，这是一个青春正当好的年纪。那时候的他英俊儒雅，风度翩翩，对世间一切美好的事物都充满了向往与热忱。虽然彼时的吕碧城已经二十五岁了，但在京津文坛崭露头角之后，显得更加成熟自信。七岁的年龄之差，并没有妨碍二人对彼此的欣赏。

俗话说："万两黄金容易得，知心一个也难求。"人生旅程漫漫，身边过客匆匆，真正懂自己的知己少之又少，若有幸遇到，一定要好好珍惜。袁克文与吕碧城都喜欢诗词，在相识后，经常在一起欣赏点评对方的作品。时间久了，两人自然而然就成了至交好友。

袁克文虽然身居高位，但他对碧城非常敬重。他欣赏吕碧城在诗词文章上的造诣，更钦佩她年纪轻轻就担任女子学校校长的魄力。同样，吕碧城亦是欣赏袁克文的才华的，他温文尔雅，性格谦逊，尤其喜欢舞文弄墨。在她心里，袁克文与其说是知己，不如说是弟弟。

只是像吕碧城这样独特的女子，袁克文怎么能不心动呢？他出身于世家，从小就是要什么有什么，仿佛世界都在围着他转。在没有遇见吕碧城之前，他身边的女人大多对他言听计从，但从来不在诗词上与他互相唱和。

自从结识了吕碧城之后，他才知道这世间竟还有这样品性高洁，有自己的主张与个性的女子。也许是觉得吕碧城与众不同，也许是真的心生爱慕，不管何种原因，不可否认的是，袁克文被吕碧城深深吸引了。

他对吕碧城百般好，甚至在她卸任北洋女子公学的校长一职之后，将她引荐给袁世凯担任总统府秘书，为她创造一个安逸稳定且不失体面的环境。其实袁克文亦有自己的盘算。只要吕碧城担任总统府秘书，便要住在总统府，而他的住所在南海流水音，离总统府非常近，如此，两人便能时时见面了。

在总统府期间，吕碧城不用像在女子学校那样操劳和繁忙。她可以一边追逐梦想，一边享受着诗情画意的日子。在这件事上，吕碧城对袁克文是非常感激的。但清醒如她，除了友情和姐弟情，吕碧城无法给予他更多的情感。在感情上，碧城一直理性地与他保持一定的距离。

1913年冬天，袁克文与易顺鼎、步章五等六人在南海流水音创办诗社，对外以"寒庐七子"称之。诗社成立大会是在颐

吕碧城 传
陌上花开君子香

和园举办的,天津文坛的很多作家朋友都前去观礼了,吕碧城也在其中。为了祝贺袁克文诗社成立大吉,碧城随即写下一首《齐天乐》赠予他。

紫泉初启隋宫锁,人来五云深处。镜殿迷香,瀛台挹泪,何限当时情绪!兴亡无据。早玉玺埋尘,铜仙啼露。百六韶华,夕阳无语送春去。

鞓红谁续花谱?有平原胜侣,同写心素。银管缕春,牙籖校秘。蹀躞三千珠履。低回吊古,听怨入霓裳,水音能诉。花雨吹寒,题襟催秀句。

袁世凯称帝后,袁克文也跟着登上了二皇子的宝座。但在吕碧城心中,她仍是她的知己好友,从这首《齐天乐》中便能看出来。她对袁克文说:"低回吊古,听怨入霓裳,水音能诉。花雨吹寒,题襟催秀句。"

吕碧城直言,清朝覆灭,改朝换代,如今你是来自帝王之家的人,是被载入史册的皇子。诗社成立后,"续花填谱"的工作就由你们"寒庐七子"共同来完成了。南海流水音是一个诗情画意的地方,适合怀古吊今,写诗作对。今日花事正好,微雨蒙蒙,当有锦词绣句互相唱和。

从这首词中,便可看出吕碧城是懂他的,知道袁克文最爱的是诗词。但某种程度上她又是不懂他的,不知袁克文其实深爱着她。也许不是不懂,只是不想在自己给不起的爱情上做过多回应,只是不想破坏一段难得的知己情。

袁克文亦是尊重她的,但他对她的关心却是众人皆知。他何尝不想知道碧城心中对他的想法呢?只是他也如碧城一样,不想破坏这段友谊。于是,他便请自己的好朋友费树蔚帮他试探吕碧城的心意。在一次聚会中,费树蔚问碧城是否属意袁克文。碧城笑而不答,过了一会儿便回复他说:"袁属公子哥,只许在欢场中偎红依翠耳。"

理性如她,吕碧城知道袁克文不是她生命中的那座山峰,便不会与他在一起。在她与袁克文相识的时候,碧城就知道这个人不会是与她相伴一生的人。因为碧城对婚姻的憧憬向来是"愿得一人心,白首不相离"。但那个时候,袁克文已经娶妻生子了。

袁克文十七岁的时候便迎娶了貌美如花的妻子刘梅真,家中更是妻妾成群。据记载,仅被他纳入袁府的女子便不下六人,至于没有入府的莺莺燕燕,更是不计其数。情史如此丰富的袁公子,一定不是吕碧城心中向往的男子。

于是,对于袁克文的刻意献爱,吕碧城选择了委婉地拒绝。得知了吕碧城的真实想法后,袁克文一度很失落。因为他从未像这样,看到某个人就像看到了满天的星星。但星星向来是可望而不可即的,他和吕碧城之间也永远隔着一道巨大的鸿沟,无法逾越。

很多年后,袁世凯倒台,袁家迅速衰败。袁克文也从衣食

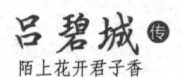

无忧的贵公子沦落至卖字谋生的地步。吕碧城得知后,托友人转告,想与他见上一面,但被袁克文拒绝了。大抵是不想让她看见自己落魄的生活,宁愿让她记住自己最意气风发、最英俊潇洒的模样。吕碧城知道真相后,对他的选择表示理解,毕竟他是一个文人,即使被生活剥去了所有,也还剩下一身傲骨。

1931年在上海,袁克文去世,年仅42岁,唯一本《辛丙秘苑》留存于世。吕碧城得知袁克文去世的消息后,痛心疾首,写词哀思。

长河流岁千秋过,笑问世间谁常客。说到底,吕碧城和袁克文之间就是一段有缘无分的情缘,注定袁克文只能陪她走一段路。但不管怎样,正是这样一个人曾帮助吕碧城躲避清政府的逮捕,陪伴她走过漫漫长夜,度过生命中一段美好的时光。

缘深缘浅,自有定数。是你的不会走,不是你的留不住。走过半生,我们都要学会:得失如云烟,坦然去面对。

一往情深费树蔚

十载重来,黯前游如梦,恍然辽鹤。凄入夕阳。依稀那时池阁。人间换劫秋风。催革谱金荃零落。忆分题步韵,惊才犹昨。

横海锦书绝,袭山阳怨笛。旧情能说。甚驿使,传雁讯,蓦逢南陌。长思挂剑延陵。倘素心,逝川容托。凝默。啸寒岩,万楸苍飒。

——《惜秋华》

亦舒曾说:"真正有气质的淑女,从不炫耀她所拥有的一切,她不告诉人她读过什么书,去过什么地方,有多少件衣服,买过什么珠宝,因为她没有自卑感。"吕碧城就是这样一位洒脱自信的女子,曾经受过磨难,又在磨难中开花,曾低落至尘埃里,又突破重重困境破土而出,清新脱俗地绽放于人前。

她是这样一个女子,足够自信,足够坚强,足够清醒。无论站在哪里,都能成为焦点,都能吸引一众名流的眼光。历数吕碧城所来往的异性好友,英敛之亦师亦友,严复如父如兄,袁克文蓝颜相伴，可惜他们都只陪她走了一段路，未到中途就分道扬镳。

除了他们，在吕碧城的生命中，只有一个人温柔地等待了她半生，心甘情愿，直到去世。他就是人生路上陪她走得最长最远的费树蔚。世界那么大，人生之路那么长，费树蔚守护了吕碧城一生，思念了吕碧城一生，也爱了她一生。

吕碧城和费树蔚相识是在总统府，他们同在袁世凯手下任职。吕碧城担任总统府咨议，费树蔚担任外交肃政史。他们的相识是偶然，更是必然。在吕碧城入职总统府之前，费树蔚早就听说过这个名动京津文坛的才女了，也读过不少吕碧城的诗词文章，对她仰慕已久。吕碧城入职总统府之后，两人时常有工作往来，加上都是袁克文的好友，自然而然就熟络了起来。

两人因文字结缘，后在总统府相识，也因为有着反对帝制向往民主的共同理想相知相交。吕碧城非凡的才学和魄力使得费树蔚深深地爱慕着她。即使他知道不能与她结为夫妻，也心甘情愿地陪在吕碧城身边，度过十几载春夏秋冬，四季光阴。费树蔚爱她，但更敬重她。

是啊，人生难得一知己，也难得一伯乐。从某种程度上来说，吕碧城是幸运的，初到天津便遇见京津才子英敛之，后又结识博文广识的严复，醉心诗词的袁克文。这些人于她是知己亦是伯乐。但换句话说，只有拥有足够实力的人才配得上这份幸运，成就吕碧城的，一直是她自己的才学与美丽。费树蔚看中的亦是这样的吕碧城。

碧城任职总统府秘书后，工作任务比之担任女子学校总教习之时，要轻松许多。除了处理日常工作事务，她将主要精力都放在了"南社"上。这是由当时的革命党人柳亚子、陈巢等人创办的诗社，带有浓厚的革命氛围。

吕碧城在天津的几年时间里，接受了很多西方的新式思想，很是推崇西方的民主和科学理念，反对封建帝制。于是，她便加入了南社，成为其中一员，经常撰写针砭时弊、主张革命的作品。时间久了，吕碧城便积累了很多作品，诗社决定出版吕碧城的文集。

为了帮助吕碧城尽快出版新文集，费树蔚抱病帮助她校对、刊印，亲自负责整个出版流程，不容出现一丝差错。在生活中，费树蔚对吕碧城亦是关怀备至。

有一次，吕碧城不小心感染了时疫，在床上躺了两个月之久都没好。费树蔚则冒着被传染的风险，几乎天天去看望吕碧城，为她寻找医生。吕碧城生病最为严重之时，也是费树蔚在身旁陪伴。当碧城觉得自己快挺不过去了，就给费树蔚交代遗言说："果不久物化者，拟葬邓蔚。"然而费树蔚在她身边不断鼓励她，照顾她。慢慢地，吕碧城的身体好转了。

老子说："天之道损有余而补不足，人之道损不足而补有余。"雪中送炭是补不足，锦上添花是补有余，但这世上的人大多都只愿做锦上添花的，而能够雪中送炭的却不多。于吕碧城来说，费树蔚能在她生病时费心照顾，而不是远离，这就是雪中送炭。因而经此一遭，两人的友情迅速升温。

吕碧城大病初愈，重新回到总统府工作。可没想到此时的总统袁世凯竟然动了称帝的心思。官场黑暗，早已与碧城的志向相左。她对袁世凯等人的行为深感失望，于是便果断辞职。碧城将自己的想法告诉费树蔚后，费树蔚深有同感，也跟随吕碧城一起离开了总统府。

离开总统府之后，吕碧城选择了下海经商，费树蔚跟随吕碧城的步伐，走向了金融界，成为一位银行行长。吕碧城在哪里，他就去哪里。

两人在孤寂中互相取暖，有着共同爱好，共同理想，还有着非常深厚的友谊。十几年如一日，费树蔚一直陪伴着吕碧城。不论在生活还是工作上，都给了她很多帮助。但他心中也知道，吕碧城一直将他当成知己、好友，而不是爱人。

君生我未生，我生君已老。他只恨自己不能早些遇见吕碧城，只恨自己早已娶妻生子，只能将对碧城的这份爱深埋于心底，化作对她的守护。他在《信芳集》中说："予识吕碧城垂二十年，爱之重之，非徒以其文采票姚也。其人自守洁，见地超于人，忠恕绝去拘阂，而不为诞曼。"

费树蔚深知吕碧城的性格和思想，他知道碧城对于爱情向来是"愿得一人心，白首不相离"，而自己始终不够资格。可即便是这样，他也愿意陪在她身边，默默守候，只做她的蓝颜知己。

茨威格在《人类群星闪耀时》一书中曾说："一个人生命中最大的幸运，莫过于在他生命途中，即在他年富力强的时候发现了自己的使命。"不可否认，吕碧城抓住了这种幸运。她担任过《大公报》主笔，做过女子学校总教习，还任职过总统府秘书，后又驰骋于商界。她是这样一个奇女子，一个足够清醒、足够理性的女中豪杰。在人生的什么阶段，做什么样的事，这一点，吕碧城从来很分明。

出国留学，一直是她的梦想。她想拯救这片水深火热的土地，想去西方国家学习新思想、新理念。她想去接触外面的世界，暂时告别这个病入膏肓的国家。于是，带着这份信念和执着，三十五岁那年，吕碧城决定赴美国哥伦比亚大学，攻读文学与美术。

有相聚就有离别，相聚是为了离别，离别是为了更好地相聚，生命就在这一场场云聚萍散中回转。相聚无言，离别时却有千言万语。无疑，守候了吕碧城十几年的费树蔚，在她即将离开时，心中自是有着万千的不舍。

虽然他知道，吕碧城终有一天会离开，此前也做了心理准备，但到了真正要分别的时候，费树蔚才明晰心中的那份不舍，竟是这般深刻。

他挥笔写下一首《送碧城之美国》为吕碧城送别：吹云和笙董双成耶？跋远游屐褚三清耶？霓裳独舞赵玉容耶？玉鞭一往李腾空耶？子今告我适异国，仙乎仙乎留不得。此心久逐苍浪去，世人那得知其故。风城歇浦感苍凉，车鸣扰中梦不长。戒坛昨夕微风举，大横庚庚画沙语。是谁认得凌凌痕，金名凤纸双温馨。旧时仙侣若相忆，雪中小点惊鸿迹。况我痴首非仙人，惜子之去子莫嗔。天涯处处花开落，去往飘然莫泥著。送子为天河浣纱之行，赠子以阳关咽笛之声。鹤书早寄珍珠字，百年会有相逢地。

碧城读完这首诗后，心中百转千回，久久不能忘怀。如此情真意切，如此不舍，虽然不认为自己和费树蔚之间是爱情，但碧城分明感受到了来自费树蔚的深深爱意。

有些感情注定因遗憾而美丽。在送走吕碧城后，费树蔚也离开了上海这个伤心之地，回到了自己的故乡吴中。费树蔚用"鹤书早寄珍珠字，百年会有相逢地"来期待自己和吕碧城的下一次相见。他知道吕碧城此次出国，终有一天会归来。他已经等得够久了，也不在乎再多等几年。

只叹年华易逝，物是人非。多年后，吕碧城再次归来时，那个一直等他的人已经先她而去了。遗憾是人生的常态，吕碧城总想再等等，也许等等就能遇见生命中的那个他了呢？可惜很多时候，等着等着，就错过了一座山峰，等着等着，又错过了一片原野，最后剩下的，单只一个自己和一颗孤寂的心。

吕碧城总想再等等，也许等等就能遇见生命中的那个他了呢。可惜很多时候，等着等着，就错过了一座山峰，等着等着，又错过了一片原野，最后剩下的，单只一个自己和一颗孤寂的心。

相识二十年，相伴十几年。吕碧城坐在案前，回想着与费树蔚相识相知的岁月，挥手写下一首《惜秋华》。

十载重来，黯前游如梦，恍然辽鹤。凄入夕阳。依稀那时池阁。人间换劫秋风。催苹谱金荃零落。忆分题步韵，惊才犹昨。

横海锦书绝，裒山阳怨笛。旧情能说。甚驿使，传雁讯，暮逢南陌。长思挂剑延陵。倘素心，逝川容托。凝默。啸寒岩，万楸苍飒。

"十载重来，黯前游如梦，恍然辽鹤。"十几年恍然如梦，一切都是那么真实。可从此在这世间，他们的美好回忆，便只有吕碧城一人记得了。

"横海锦书绝，裒山阳怨笛。旧情能说。"斯人已逝，锦书难寄，即使吕碧城心中有情，也再不能与他亲口说了。有时候就是这样，我们喜欢一个人，相聚的时候，并没有感觉他很重要，只有等到离开之时，方觉肝肠寸断。

费树蔚爱慕了吕碧城一生，守候了吕碧城一生，挂念了吕碧城一生，唯一的遗憾就是先她而去。这是费树蔚的遗憾，亦是吕碧城的遗憾。

费树蔚的去世让她明白，人生旅途中，没有一个人能陪伴另一个人一辈子，但只要有共同的爱好和理想，还有共同的一段记忆，就值得感怀。

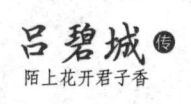

道家风骨陈撄宁

妙谛初聆苦未详，异同坚白费评量。辩才自悔聪明误，乞向红闺恕猖狂。

一著尘根百事哀，虚明有境任归来。万红旖旎春如海，自绝轻裾首不回。

——《访撄宁道人叩以玄理多与辩难归后却寄》

我们每天都会面对许多新面孔，但不是每一张面孔都值得我们注意，也不是每一张面孔都会让我们停留。能在生命中留下印迹的，当是让我们为之动容的那一瞬间。尽管有些面孔注定不属于自己，但是遇见了也弥足珍贵。吕碧城和陈撄宁的相遇便是如此。

任职总统府期间，吕碧城看透了官场的尔虞我诈，阴森黑暗。在事业蒸蒸日上之时，她不顾旁人劝说，毅然选择辞职。急流勇退固然成就了她的初心和一身傲骨，但她的生活境遇也因此变得艰难许多。

吕碧城自从辞职后,不幸的事接二连三地到来了。母亲严士瑜和大姐吕惠如相继离世,二姐吕美荪也因此前与吕碧城发生过争执,不再与她来往。这个时候吕碧城又感染了疾病,身体每况愈下。可以说那时吕碧城的处境非常艰难了。

写文章的人心思向来是细腻而敏感的,吕碧城也不例外。面对亲人的离世,理想的破灭,病痛的烦扰,吕碧城的激情逐渐被消磨殆尽。在低沉的日子里,她变得多愁善感,开始对人生和生命做深层次的思考。

有一次,吕碧城的朋友朱建霞带着她一起去看卜问卦。作为一个推崇民主和科学的新时代女性,吕碧城此前从未相信过这些,但最近的祸事接踵而来,令吕碧城有些手足无措。朋友建议她去算命先生那问一卦,于是,她便抱着半信半疑的态度跟随朱建霞一起去了。

到了地方,她在现场看见一首诗写道:"江上谁家玉笛声,绿波如镜月华清。仙闻天际仙人过,伴拥朱霞出碧城。"

吕碧城感到十分惊讶,心想着这"朱霞"和"碧城"不正是在说她和朋友吗?碧城觉得这份巧合太过神奇,便当场对诗一首:"小隔蓬莱亿万年,飞花弹指悟春玄。瑶池旧侣如相忆,乞向愁城度谪仙。"也是从这个时候开始,吕碧城慢慢地接近了宗教。

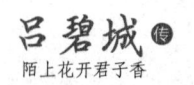

青衫烟雨客，似是故人来。吕碧城和陈撄宁，因道结缘。1916年，陈撄宁携夫人在上海民国路开办诊所行医。他夫人主管西医，他则一边行中医，一边研习仙道修养法并著书立说。恰巧那时，吕碧城经常身体不适，三天两头地就来陈撄宁处买药。一来二往，两人便相熟了。

吕碧城那时亟须找一个精神寄托，这个时候，陈撄宁出现了。他向吕碧城宣扬道家理念，分享自己悟得的修身方法与经验。碧城起初尝试陈撄宁所说的仙道修养法，只是为了尽快恢复身体，没想到后来，陈撄宁传授的道家思想深深吸引了吕碧城，激发了她问道的决心。

佛家有云，前世的五百次回眸才换来了此生的一次擦肩而过。两个人能够在今生相遇相知，又不知用了多少缘分。吕碧城和陈撄宁原本是两辆平行的列车，一个纵横文坛，一个潜心问道，此生都不会相交。但或许是命定的缘分，让这两人不论怎样背道而驰，最后都会在某个时刻相遇。

陈撄宁是一个温和有礼的谦谦君子，非常擅长洞察人性。他之所以对吕碧城青眼相待，不仅是因为她一代才女的名气，还因为他们都是安徽人。陈撄宁道号"圆顿子"，生于清朝光绪六年，祖籍是安徽怀宁，后迁往安庆苏家巷。吕碧城是安徽旌德人，童年那段美好时光便是在徽州故居度过的，安徽于她有着别样的情谊。

陈撄宁幼承家学，熟读儒典。十岁时读到《神仙传》，便决定以后要求仙问道。后来年龄稍大些，陈撄宁考中了秀才，但不幸患上痨疾，便放弃了仕途，跟随其叔祖学起医术来，同时还不忘修行道学。慢慢地，陈撄宁的身体恢复了健康。

当吕碧城问及他是怎样踏上修道这条路时，他耐心地解释道："少年的时候，因为身体羸弱，受尽磨难，转而修道，希望能领悟命理的规律。"吕碧城听完陈撄宁的这番话深有同感，想起自己小时候何尝不是这般。

父亲吕凤岐死后，她便跟随母亲过着寄人篱下的生活，受尽冷眼。虽然来到天津打拼后取得了很大的成就，但现在看来也只是过眼云烟，身外之物罢了。这段时间，她受尽病痛折磨，身心俱疲。她急需一个人帮助她逃离疾病的魔掌，而这个人就是陈撄宁。

一段时间里，吕碧城爱上了道家思想，几乎每日都要去医馆拜访陈撄宁，向他问道。陈撄宁修道多年，参悟了许多道理，看到吕碧城对道学的求知欲如此强烈，便觉得是找到了志同道合的朋友。

他告诉碧城："修道是件困难的事，必须性、命双修，聪明智慧皆为障道之魔，修行之人务以神清气正、寡欲清心为主，成功虽缓，流弊较少。"

吕碧城起初并不太懂陈撄宁所说的这番话，经常在与他谈

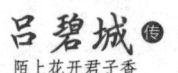

经论道时提出自己的疑问。针对碧城的困惑,陈撄宁都耐心地一一为她解答,甚至将其看成传扬女丹道学的最佳人选。除了讲解之外,陈撄宁还推荐了诸如《女丹十则》《灵源大道歌》等一些利于修行的书籍给吕碧城看。碧城每有所惑,必会前来陈撄宁处寻求答案。

两人惺惺相惜,互相欣赏,很快便走进了彼此的心中。在一段时间的问道之后,吕碧城内心的困顿似乎有了答案。心灵的解放令她的身体慢慢好了起来。后来有一次,碧城从陈撄宁的医馆回去之后,为了感谢他的讲解,特意写了一首《访撄宁道人叩以玄理多与辩难归后却寄》赠给他。

妙谛初聆苦未详,异同坚白费评量。辩才自悔聪明误,乞向红闺恕猖狂。

一著尘根百事哀,虚明有境任归来。万红旖旎春如海,自绝轻裾首不回。

吕碧城在诗中提到自己参习道学多时,深得陈撄宁的帮助。虽然修行尚浅,许多道理都还没参透,但"虚明有境任归来",只要她潜心问学,一定能有所成。陈撄宁在看到此诗后深感欣慰,她欣赏吕碧城的聪颖,更喜欢她对待事情的执着与坚定。

后来,陈撄宁成为中国道教协会的主席。为了纪念与吕碧城的相处的这段岁月，陈撄宁在著作中专门写了一篇《答吕碧城女士三十六问》，这也成为他们二人的美好回忆。

都说"世间所有的相遇，都是久别重逢"。相遇已然不易，相守则更是艰难。在问道求学的那段时日中，吕碧城被陈撄宁的温暖和耐心打动。他们在谈论道学之余，还谈论诗词和人生理想。不论在哪个方面，两人都是那么契合。陈撄宁早已对吕碧城生出了爱慕之情，而吕碧城对他亦有好感。

只是那时候陈撄宁早已娶妻生子了，他也知道吕碧城对爱情的苛刻要求。理性告诉他，不能做一个抛妻弃子的男人，不能放下这个需要他养活的大家庭。所以在面对吕碧城时，他犹豫了。而吕碧城又是何等清醒和理性，她知道"发乎情，止乎礼"的道理，也明白眼前这个男人不可能是她的归宿。既然如此，转身才是对彼此都好的选择。

吕碧城和陈撄宁的相遇是一种偶然，别离是必然。因为他们彼此都知晓，这份感情即使发展下去，也不会有一个好的结果，不如学会转身，给彼此留下一份美好的回忆。

做一个清醒的女子，大概是吕碧城最大的特点。有人说，这是她的一个缺点，因为清醒的人活得最辛苦，总要为世人考虑太多，而忽略了自己内心的真正感受。也有人说，这是一个优点，在理性中富有感性，能让她收获一个个真心敬重她的朋友。

但外界的评价对于吕碧城来说并不重要。关于爱情,她想要的从来都是"愿得一人心,白首不相离"。如若不能遇见,也不会去将就。

第五章 游走他乡的岁月

冬天花败,春暖花开。有人离去,有人归来。留学,一直是吕碧城的梦想,于中年时得以实现,不得不说,这对她是一个莫大的安慰。漫游他乡,恣意潇洒,她仍是那个清醒自持的女子。宠辱不惊,心静如水,她开始寻找人生的归途。

政坛倦客,驰骋商海

花在南枝太俊生,仙都弹指有枯荣。和羹早荐金盘味,零落何伤此日情。

倦绣惟求物外因,自锄瑶草傍云根。而今蕙带荷衣客,谁识天花散后身。

——《春闺杂感和康同璧女士韵》节选

做一个洒脱的女子,不论是感性还是理性,不论是清醒还是迷茫,她的人格一定得是独立而自由的。不拘泥于一种形式,不囿于一份感情。拿起的时候珍惜,放下的时候干脆。忠于自己的初心,敢于挑战和创新。

不得不说,在民国初年,一个有主见的女人是独特的,一个能掌握自己人生的女人更是难得。偏偏,吕碧城就是这样的女子,往事不提,后事不记,在人生大事的选择上从不含糊。不论是少年时离家出走,还是做《大公报》主笔,抑或兴女学、担任总统府咨议,她的选择从来只忠于自己的本心。

同样，当她知晓袁世凯称帝时，即使有高官厚禄在前，她也毅然辞官。三十多年前，吕凤岐因不满清朝政府的腐败而选择在仕途得意时辞官归乡，如今他的女儿也做出了和他一样的选择，在前途一片光明之时急流勇退。

或许在当时，吕碧城做此选择有些令人难以理解，甚至让人觉得可惜。但唯有她自己知晓，国人推翻了统治中国几千年的封建帝制有多么不易，无数革命党人用生命探索得来的民主之路有多么难得，如今却要被袁世凯称帝的一己私心摧毁，这是多么荒诞不经的一件事。

吕碧城曾将旧时中国比作一部钟表，直言"夫中国之大患在全体民智之不开，实业之不振，不患发号施令、玩弄政权之乏人。譬如钟表然，内部机轮全腐朽而外面之指示针则多而乱动，终自败坏而已。世之大政治家，其成名集事，皆由内部多种机轮托运以行，故得无为而治。中国则反是，舍本齐末，时髦学子之目的，皆欲为钟表之指示针，此所以政局扰攘，无宁岁"。

离开政坛之后，曾有人邀请吕碧城重新返回政界，但被她毅然拒绝了。她心中明白，现在的官场已经不是民国初建时的那个官场了。她宁愿站在人生路口徘徊，也不愿意再次涉足那片黑暗的土地。

彷徨，迷茫，吕碧城虽然彻底斩断了自己通往政坛的路，但她却没有想好下一步该去何方。不过令她开心的是，好友费树蔚非常认同她的决定，并与她一同辞官。人活一世，若得知己一二,就已是万幸。有了费树蔚在身旁,吕碧城就有了歇息的港湾。此后不管前路再孤寂再黑暗,她都有前行的勇气,漫漫的人生光景,亦不会觉得孤苦无依。

仔细思量之后,吕碧城决定离开北京,前往上海,在一个新的地方新的领域重新扬帆起航。费树蔚也跟随她的脚步,来到上海。

吕碧城选择在上海这个城市重新开始,并不是一时冲动之举,而是深思熟虑之后的结果。民国时期的上海滩,满眼尽是繁华,是亚洲最富最大最繁华的城市。

留声机里放着时下最新的唱片,十里洋场飘着《夜上海》悠扬的曲调,黄包车拉着社会各界的名流在弄堂雨巷中来来去去,还有一群穿着旗袍的女子,带着千年的美丽,撑着油纸伞,不失妩媚地走在青石板铺就的江南古道上……

花在南枝太俊生,仙都弹指有枯荣。和羹早荐金盘味,零落何伤此日情。

倦绣惟求物外因,自锄瑶草傍云根。而今蕙带荷衣客,谁识天花散后身。

吕碧城来到上海,诚是心之所向。而且当时的大上海还是亚洲唯一的世界金融中心,世界各大银行、保险公司等都落户在此。上海成了民国国民收入的重要来源,有着"中国钱包"的美誉。

因而来到上海之后，吕碧城决定忘却前尘往事，选择下海经商。

"倦绣惟求物外因，自锄瑶草傍云根。"下海经商，自锄瑶草，对吕碧城来说是一个全新的挑战。不过从某种程度上来说，她也算是继承了祖上的基业。在徽州时，吕碧城祖上就是靠经商发家的，其祖父和曾祖父都是当地有名的徽商。吕碧城身体里流淌着商人的血液，从小受家族文化熏陶，从商于她，应是一个自然的选择。

后来，她在《吕碧城集》附记中自述说："按先君故后，因析产而构家难。惟余锱铢未受，曾凭众署券。余素习奢华，挥金甚巨，皆所自储，盖略谙陶朱之术也。"

吕碧城是一个真正的勇士，一生追求独立、平等、自在的状态。不仅拥有深刻的思考力，还能以独特的视角去看待并理解这个世界。不论在哪里，选择何种行业，她都信心满满，坚信自己能做出一番成就来。

此前，吕碧城在文坛、杏坛和政坛都积累了一定的人脉。这让她的经商之路比之常人平坦了许多。在各界朋友的帮助和支持下，不到三年时间，吕碧城就成了上海滩的女富豪。她在经商时取得的成就，丝毫不输于她在诗词文章上的造诣。不仅衣食无忧，还能把生活过得异常精彩。

山本耀司曾说："我从来不相信什么懒洋洋的自由，我向往的自由是通过勤奋和努力实现的更广阔的人生，那样的自由才是珍贵的、有价值的。做一个自由又自律的人，靠势必实现的决心认真地活着。"吕碧城便是这样一个自由又自律的人，不论是做主笔，还是担任女子学校总教习，抑或从政从商，她能将每件事都做得非常出色。

经商成功之后，吕碧城在上海的生活发生了翻天覆地的变化。她在威海卫路买了一栋豪宅，与民国政要陆宗舆是邻居。她曾在文章中描述这栋房子："朱楼向南，临方式球场，北阶前黄沙碾径，绕场三面悉冬青树，西即通衢，高槐附墙而镂花铁门在焉。"吕碧城的这栋宅子极尽奢华，不仅装潢富丽，内里也很有格调。据记载，她不仅满屋子都是欧式家具，墙上挂的也是世界知名的油画。

除了住处豪华，吕碧城在上海的交友圈也非常广泛。上海的名流政要、名媛贵妇，她多有来往。在与他们的交往过程中，吕碧城还发掘了一个新爱好——舞蹈。每有舞会，她都积极参加。

几年时间里，吕碧城就从一个不会跳舞的"小白"，变成了一个可以驾驭伦巴、探戈、华尔兹等各种类型舞蹈的"达人"。慢慢地，在上海这个包容开放的城市里，吕碧城的穿衣打扮也变得新潮时尚了起来。

据当时的著名编剧家郑逸梅记载，吕碧城"常御晚礼服，袒其背部，留影以贻朋友。擅舞蹈，于蛮乐筝乐中，翩翩作交际之舞，开上海摩登风气之先"。走在时尚前沿的吕碧城，优雅洒脱地开启了大上海的交际风气。

面对外界异样的眼光，吕碧城并不在意。关于穿着打扮，她有着自己的见解。她的所作所为，也只是为了取悦自己罢了。

为了推行舞蹈社交，她还曾写过一篇文章。文中提到她对舞蹈的看法："人类无分文野，本天性发而为歌，舞则同也。为文明愈进则跳舞愈成为崭新有统系之仪式。迂拘者目为恶俗，每禁戒其家属勿事学习，此无异哀乐发于心而禁其啼笑。拂人之性，古圣不取。舞之功用为发扬美术，联络社交，愉快精神，运动体力。若举行于大典盛会，尤足表示庄严……"

在吕碧城看来，那些认为舞蹈恶俗并且轻视热爱跳舞的，都是些短视之人。他们还未从封建思想的禁锢中彻底解放出来。吕碧城认为舞蹈的真正作用在于"发扬美术，联络社交，愉快精神，运动体力"，是一个庄严的行为，一种正式的交际手段。

驰骋于商场、流连于舞场，吕碧城不断努力，从一个年幼失怙的小姑娘跻身至大上海的上流社会。不得不说，她的人生到处都充满了戏剧性。

这一时期，吕碧城也坚守着一颗赤子之心，继续着诗词唱和的生涯。1914年，她加入了由柳亚子等革命党人创办的著名诗歌社团——南社。当时，吕碧城与南社同人汪精卫、张默君、铁禅、余十眉等都有往来。柳亚子称吕碧城为"南社女诗人中的佼佼者"，林庚白赞其曰："碧城故士绅阶级中闺秀也，惊才绝艳，工诗词，擅书翰……读之使人回肠荡气，有不能自已者。"

在时人眼中，吕碧城就是这样一个奇女子，自信洒脱，如

吕碧城 陌上花开君子香

水如月。樊增祥曾在给吕碧城的书信中赞其曰:"得手书,固知吾侄不以得失为喜愠也。巾帼英雄,如天马行空。即论十许年来,以一弱女子自立于社会,手散万金而不措意,笔扫千人而不自矜,乃老人所深佩者也。"

人生如逆旅,我亦是行人。淡然处世,固守本心,一直是吕碧城的人生态度。不论身在何处,地位如何,都不会改变。因为她相信世事千帆过,前方终会是温柔和月光。

只身赴美的求学路

寻寻觅觅,印遍芳洲迹。故国愁云横远碧,莫问梅枝消息。异乡消得凭栏,身闲便觉天宽。野桎红迷古堡。海棕青过沙湾。

——《清平乐》

世界是一本书,不出去走走的人只看到其中的一页。只有翻过人生的山,蹚过命运的河,才能看到不同的风景。只有在接触了不同的人和事之后,才会更加热爱生活。

吕碧城青年时曾拜师严复,跟随他一起学习名学,也曾帮助他翻译了许多外国名著。书中许多歪七扭八的英文字母深深勾起了吕碧城对西方国家文化的兴趣和向往。那些年,她一度想出国看看,无奈诸事缠身,总是有更重要的事情等着她去做,便只能将这个心愿暂时搁置。

但吕碧城是何等人也!潇洒自由,向来是她的处事态度。雷厉风行,一直是她的做事风格。既是她的心之所向,总有一天要将其实现。就像她曾经想做《大公报》的主笔,想担任北洋女子公学的总教习,想成为政界的精英,想驰骋于商海一般,走出国门去看看世界,她也要如愿以偿。

自从决定出国后,吕碧城便开始一边苦修英语和了解外国文化,一边等待出国留学的机会。当时在中国,想要获得正式名额出国留学,只有公派一种方式。吕碧城即使已经取得了很高的成就,也没有资格获得公派名额。

错过了出国留学的黄金时期,吕碧城非常懊恼。她时常想要是当初受了秋瑾的邀请,也不会错过学习机会。以前她认为只要自上而下地改革中国的社会体制,就能挽救深陷危局的祖国。可现在她发现这种想法或许错了。

时下的中华民国,袁世凯复辟、不平等条约签订,西方列强非但没有退出中国的土地,反而更加恃强凌弱。这一系列的事情令她开始意识到,改革并不能改变中国人根深蒂固的封建思想。或许只有自下而上地革命,才能唤醒国人的意识,拯救岌岌可危的祖国。

1915年,北洋政府与日本签订了丧权辱国的"二十一条"。这让吕碧城对当权者倍感失望,对处于水深火热中的同胞们深感同情。作为一个曾经在总统府叱咤风云的政坛女杰,吕碧城自是看不得北洋政府就此将祖国的大好河山拱手让人。

内忧外患的时局,更加坚定了吕碧城想要出国的想法。她不仅想逃离这片令她痛心的土地,更想通过出国接受新思想新教育来改变国内的现状。即使出国留学机会渺茫，她也绝不会放弃，即使她知道自己的力量是微弱的，但仍想做一盏萤火。

终于，吕碧城通过多方求助，在1920年拿到了中国外交部的推荐信。她得以用上海《时报》特约记者的身份，只身赴美，进入哥伦比亚大学旁听。虽然是旁听生，但这个机会已经十分难得了。

出国前夕，国内华北地区受台风影响普降暴雨，海河流域发生特大洪灾。当时永定、大清、子牙、南北运河、潮白等数十条河流相继漫水或决堤破河，京汉、京奉、津浦铁路中断，受灾面积多达38950平方公里，受灾村庄1.9万余个，受灾人口620余万，其中以天津、保定两地受灾最重。据《申报》记载："天津灾情之重为历来所未有，就全境而论，被灾者约占五分之四，灾民约有八十余万人。"

吕碧城在听闻这个消息之后迅速联合上海诸多名媛成立了"京直水灾女子义赈会"，积极为受灾地区募款。她本人更是慷慨解囊，捐出了十万大洋救济灾区民众。等到国内灾情稳定后，吕碧城才收拾行囊，奔赴哥大求学。

哥伦比亚大学位于美国纽约州曼哈顿城，于十八世纪五十年代成立，是世界知名的私立研究型大学，也是美国历史最悠久的大学之一。这所学校走出过五位美国总统、九名美国最高法院的大法官。当时我国社会知名人物胡适、孙科、宋子文、蒋梦麟都曾在这里留学。吕碧城能来到哥大旁听，已经非常幸

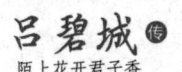

运了。

　　背上行囊，就是过客；放下包袱，就找到了故乡。来到哥伦比亚大学之后，吕碧城每天努力修习课程，大部分时间都泡在图书馆里。哥大的图书馆之于吕碧城来说，就是一块宝地，里面藏着无尽的奥妙。她每天都在此处领略异国他乡的文化风采。为了探究美国的政治体制，她还利用寒暑假的时间翻译了《美利坚建国史纲》，将翻译好的文稿寄回国内，由国内大东书局出版，畅销一时。

　　除了读书和观察，吕碧城在美国的生活过得很充实。美国是个流行舞蹈的国度，吕碧城喜欢跳舞。通过跳舞，吕碧城在当地声名大振，结交了很多朋友。正所谓一个人的才华是他永远的财富。不论到哪里，他都会因为拥有才华而熠熠生辉。吕碧城就是这样的人，不论是在中国还是美国，不论是做商人还是学生，她身上总有一种能让人在人群中多看她几眼的魅力。

　　作为一名商人，吕碧城在美国时相往来的也多是贵胄巨贾，其中有一位纽约的女富豪，叫席帕尔德夫人。由于她太富有，没有人敢开口向她求婚，最后只好由她向男子求婚，嫁时已四十多岁，不能生育。因为曾捐巨款给士兵和水手建造藏书楼，所以马路上的士兵、水手看见她都要行礼。

　　一次，吕碧城赴席帕尔德夫人的宴会，行前到理发店里去梳头。理发店里有一位叫道亦尔的侍女，颇会甜言蜜语，又兼服侍细心，顾客多喜欢点她，吕碧城亦"未能免俗"。得知吕碧城受到席帕尔德夫人的邀请，道亦尔非常惊讶，眉飞色舞地说："席帕尔德夫人岂是容易接近的？你若是能得她的欢心，她的势力大呢，什么事都能替你办到。"并教给吕碧城许多方法，如何去和富人周旋应对、曲意迎合。吕碧城但听不语，等她说完，方从容地玩笑道："你知道么？我比席帕尔德夫人还要富呢。"道亦尔听罢怔了怔，说："我失敬了。"

因为吕碧城的多才多艺和其富有的身份，她很快便融入了曼哈顿的上层社会。但她一直没有忘记自己赴美的初衷，一想到祖国国力衰弱，在美国的留学生也多受歧视，她就陷入了沉思之中。一次她给国内政界的当权者写信，诉说她的衷肠："当代政界诸公不解西语，不与外人交际，所以没有国际的感触、世界的眼光，只知道在家里关起门来与同胞互争雄长。他日出门一步，遇见外人才知道，我国的地位在世界上卑微到何等。感触有多深，诸公固然自己身受不到的，但是既有了钱，诸公的子孙必然读西文，出洋留学，必有与外人相处的时候。就是不出洋，世界交通，西力东渐，华洋的交涉逐日地繁密，也无可避免。诸公何不捐除私斗，共救国家，为后世子孙做人的地位呢？"

人生是一个不断自我完善的过程。在美国留学的吕碧城，不仅生活变得越来越丰富，思想境界和政治格局也变得越来越开阔。在接受新式思想的洗礼之后，她愈加明白国内的社会体制存在问题。她寄出的信一封接着一封，却没有得到丝毫回音，

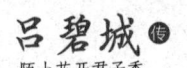

如同石沉大海一般。

她痛恨国内政客的自私和短视,也深深同情着被封建体制禁锢的国民。失望、痛惜、无能为力,她只能将心中的悲切都写进一首首词作里。

寻寻觅觅,印遍芳洲迹。故国愁云横远碧,莫问梅枝消息。

异乡消得凭栏,身闲便觉天宽。野柽红迷古堡。海棕青过沙湾。

在美国留学期间,吕碧城去过很多地方,游历了纽约州许多著名的山川湖泊。每到一处,她都会作词以纪念。但几乎每一首都有故国的影子。"故国愁云横远碧,莫问梅枝消息。"吕碧城虽在美国,却还时时牵挂着祖国的境遇。

悠悠岁月,风光无限,但她只希望东方雄狮早日觉醒,踏上世界的大舞台,只希望国人活得清醒,直视国家危局,始终以激浊扬清、拯救将倾大厦为己任,成就更好的国与家。

一叶扁舟,何去何从

> 英气飞腾扬绮思,亦仙亦侠费猜疑。
> 锦标夺取当春赛,肯惜香骢足力疲。
>
> ——《春闺杂感和康同璧女士韵》

有人说,把弯路走直的人是聪明的,因为找到了捷径;把直路走弯的人是豁达的,因为可以多看几道风景。这句话其实是在说一个人真正想走的路不是在脚下,而是在心里。

吕碧城深谙其中的道理,将生命看作一场旅行,从不在乎世人的眼光,只遵循自己内心的选择。她知道当一个人选择成长的时候,往往不被人理解,因为你要走你选的路,不是他们认为你该选的路。但吕碧城从不会被这些左右,不管是少年时离家出走,还是中年时出国留学,无不在彰显她清醒独立的人格。

异国他乡,举目无亲。吕碧城在哥伦比亚大学留学期间,虽然生活丰富,结交了很多美国朋友,但一个人的时候,她总是会感到孤寂。一想到国内时局不稳,政坛动荡,自己壮志未酬,理想抱负难以实现，孤寂就如同那漫长的黑夜，等不到黎明。

真正的落寞是这样的。它是一种深入骨髓的空虚，一种令你发狂的无奈。纵然在欢呼声中，也会感到内心的空虚、惆怅与沮丧。留学期间，吕碧城常年住在曼哈顿城中最豪华的酒店，出手阔绰，交际广泛，当地人赞誉她是来自东方的公主。只叹世人看见了她的光鲜亮丽，却看不到她内心的落寞。

1922年4月，吕碧城结束了为期两年的留学生涯，由加拿大温哥华港口出发，经日本横滨返国。吕碧城在日本中转时，恰逢英国王子华尔士即将访日。日本到处张灯结彩，喜气洋洋，百姓们纷纷着华服为这次盛事做准备。与吕碧城同船的人们纷纷下船游玩，朋友邀请她同去，却被她拒绝了。

碧城看到眼前这个国家一派祥和的氛围，不由得想起了正在受苦受难的同胞们，想起了日本迫使清政府签订的《马关条约》，迫使袁世凯政府签订的不平等的"二十一条"。她痛恨眼前这个国家，痛恨日本政府对中国的所作所为。她有她的民族自尊，有她的民族骄傲，所以她不愿也不屑于涉足这片土地。

后来，她在自己的一篇文章中回忆道："这些年浪迹天涯，朋友遍及各国，唯独东邻日本没有一个朋友。"

吕碧城经日本回国后不久，就听说了一个不好的消息，康有为的母亲去世了。康有为是中国近代重要的政治家、思想家、教育家，也是戊戌变法的主要倡导者。而且康有为和吕碧城都毕业于哥伦比亚大学，在当时两人皆是中国文坛上的重要人物。

吕碧城非常敬仰这个前辈，于是决定和友人一起前去吊唁。

有句话说得没错，淳朴和真诚在任何时代都是合时宜的。吕碧城此去吊唁，不仅和康有为结成了忘年之交，还收获了一个知心的好朋友，康有为的二女儿康同璧。

康同璧和吕碧城性格和志趣相仿。两人都致力于为女性权利解放而奋斗。康同璧在纽约读书时，还曾坦言："等我念完书，我将回国唤醒中国妇女。我特别关心妇女参政权，望能唤起中国妇女实现其权利。"

毕业后的康同璧，回到国内后一直在践行着她的诺言。她曾多次参与过女权运动，还为中国最早的妇女刊物《女学报》写文章。后来，她还担任了万国妇女会的副会长和中国妇女会会长等职位。

吕碧城和康同璧一见如故。那天下午，两人聊了很多话题，从海外聊到国内，从国事聊到家事，聊得不亦乐乎。不知道是从什么时候开始，她们都将彼此认作了此生的知己。临别之时，她们二人还有些依依不舍。康同璧将自己的新作《华鬘集》赠予吕碧城，并嘱咐碧城常常写信给她。

吕碧城回到在上海的住所后，将康同璧送给她的诗集读了一遍又一遍，感触颇深。不禁铺开纸来，为康同璧写了几首诗，其中一首《春闺杂感和康同璧女士韵》专门描绘了康同璧自在远游的风采。

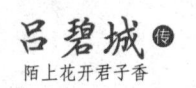

英气飞腾扬绮思，亦仙亦侠费猜疑。

锦标夺取当春赛，肯惜香骢足力疲。

三毛说："可进可出，若即若离，可爱可怨，可聚而不会散，才是最天长地久的一种好朋友。"吕碧城和康同璧之间就是这样，一相遇便相知。她们不会因为聚少离多，感情就变淡；不会因为观点有冲突，就分道扬镳。

吕碧城这次回国，除了收获了与康同璧的这份友谊，还见到了之前的好友费树蔚。那时费树蔚一听说吕碧城回国的消息，就从家乡赶到上海来，与吕碧城见面。老友相见，自然欢喜。

有一次，吕碧城邀请费树蔚和其他一众好友到家中赴宴。席间推杯换盏，谈论时局。酒过三巡，不知是谁谈及了当时上海发生的一起"五卅惨案"，席间顿时一片沉默，只有此起彼伏的叹息声。

那是1925年的夏天，上海纱厂资本家在镇压工人大罢工时打死了工人顾正红，引起了社会尤其是学生们的不满。为了声援工人罢工，寻求正义，那年5月30日，两千多名学生在上海街头以及租界内发传单，发表演讲，号召收回租界。英国军队随即逮捕了一百多名学生。

英军的这一激进行为引起了社会的不满，数万名群众自发地聚集在英国租界内抗议。他们高喊"打倒帝国主义"的口号，要求释放被捕学生。可万万没想到，英军为了在中国立威，当场开枪射击，造成十三人死亡，无数人受伤。这就是震惊中外的"五卅惨案"。

吕碧城知道这件事后非常愤怒，同时对北洋政府的腐败，国家的衰弱深感无力。席间众人无不对当下风雨飘摇的时局感到痛心。悲哉！叹哉！可能这就是文人的无奈之处吧，总是想着让国家越来越好，却又总是事与愿违。

或许是因为太过失望，吕碧城第一次产生了逃避的想法。曾经那个想要"借我三千虎骑，复我浩荡中华"的女战士也逐渐丧失信心了。在宴席间，吕碧城向朋友透露出想要再次出国的想法。

费树蔚听后虽然心有不舍，但他向来是支持吕碧城的。

人生天地间，忽如远行客。少年时候的吕碧城意气风发，奋斗不止，绝大部分时间都放在家国大事上。那时的她只有一个目标，就是离梦想近一点，再近一点。可后来她慢慢地发现，自己追寻半生的理想，不过是一个泡沫。她亲眼看着这个泡沫破灭，许多曾经奉为瑰宝的东西也找不到踪影。

人生说长不长，说短不短，每段路有每段路的风景，每段路有每段路的担当。人生该如何走，全在自己如何做选择。经历过政权更迭，人事是非之后，吕碧城早已看透人生的真面目。所以这一次她选择了退出，只有离开这个伤心地，她的生活才能重新开始。

吕碧城决定再次出国。这一次，她打算放下一切，真真正正为自己活一次。没有国仇家恨,没有动荡的时局,她只想做一叶扁舟,不问来处,不忧归途,尽情地放逐人生,多看看外面世界的风景,自由地享受阳光、森林、山峦、草地、河流带来的欢愉。

第六章 菩提洗净铅华梦

人生之路漫漫,吕碧城最终选择了放下。
放下之后,等待她的将是一个崭新的世界。

出发,江湖再见

> 不许微云滓太空,万流澎湃拥蟾宫。
> 人天精契分明证,碧海青天又一逢。
>
> ——《两度太平洋皆逢中秋》

小的时候,世界是用脚步去丈量的,我们的世界里都是旅途中的风景,能捕捉到很多生活的最原始的美,旅途的意义也就显得很纯粹。随着年龄的增长,我们慢慢长大,认识了更多的人,遇见了更多的事。世界越来越大,也越来越复杂。

罗曼·罗兰曾说:"世上只有一种英雄主义,就是在认清生活真相之后依然热爱生活。"吕碧城如是,她知世故而不世故,处江湖而远江湖,早将人情冷暖看透,却仍不愿意丢掉赤子之心。即使国家纷乱不断,梦想凋零,她也并没有失去对生活的热爱。

1926年秋天,吕碧城在告别一众亲友之后,终于开始了她的第二次海外之旅。这次旅途长达七年之久。她去过加州最美的城市旧金山,到过文化名城洛杉矶,还穿越了世界闻名的科罗拉多大峡谷。后几年，她又去了欧洲，在英国、法国、瑞士、意大利等多国土地上留下旅行的足迹。

第二次踏上异国的旅途，吕碧城仍是走的海路。秋天的风从远处拂来，温柔地化解了夏天的遗憾。吕碧城站在甲板上倚着栏杆，静静地盯着时而平静时而汹涌的海面，一副若有所思的模样。世事是如此相似，她感觉像是回到了几年前第一次出国的时候。一样的路线，一样的季节，只是少了些许当初的期待与热血。这一次出国，她只是一个流浪者，只有起点没有终点。

最美丽的秋天有最好的月亮，多年前吕碧城出国求学，在这浩瀚无际的大海中度过了中秋佳节，而这次出游仍然是中秋。古人说："万里无云镜九州，最团圆夜是中秋。"在世人眼中，中秋即是团圆。然而此时吕碧城孤身一人，家人也在早些年相继离世。念及种种，不由得生出万千愁思。

不许微云滓太空，万流澎湃拥蟾宫。

人天精契分明证，碧海青天又一逢。

"人有悲欢离合，月有阴晴圆缺，此事古难全。"苏轼的那首《水调歌头》流传了千年，几乎每个中秋之夜，人们总能想起词中的名句。或吟诵，或抄录，人们念及它总是要比念及"万里无云镜九州，最团圆夜是中秋"之类的诗句更多。大抵是每逢中秋之夜，离别多于相聚的缘故罢，苏轼在词中的感慨，

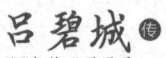

总是能够引起后人的共鸣。吕碧城也不例外。

　　离别总是伤感的，但有些人有些地方终归是要告别的。因为这世上的每件事都有最好的安排，所有的相遇和离开似乎都是注定。离别有时候是为了更好的相逢。遍历山河后再归来，或许能有不同的感悟。

　　吕碧城面对这次离开，心中虽有伤感，但更多的还是洒脱。她向来独来独往惯了，心里除了家国和几个知心的朋友，并无多大的牵挂。碧海青天，江湖路远，她相信终有一日，他们还会再相见。

　　旅途匆匆，吕碧城不是在房间中看书写作，就是在甲板上眺望远方。日复一日，这海上的日子似乎过得很快。随着轮船一点一点接近太平洋东海岸，碧城再一次踏上了美国的土地。旧金山的轮廓清晰地映在碧城的眼中，一切是那么熟悉。碧城打算先在此处待上一段时间，以弥补当初没有好好欣赏旧金山诸多美景的遗憾。

　　旧金山是一座金色的城市。自从人们从加利福尼亚沙漠中发现金矿后，它就逐渐成长起来。这座城市的街道遍及四十多座陡峭的小山。而且这里拥有炙热的阳光和热闹的夜生活，对于吕碧城来说，确实是一处居住和游览的好地方。

　　那段时间，吕碧城去了著名的渔人码头，品尝了可口的太平洋海鲜，还从旧金山乘船游览了加利福尼亚的三千年古树林。每天的生活是那样自由而充实。没有往日的喧嚣，没有事业的

吕碧城传
陌上花开君子香

佛语有云:"一切有为法,尽是因缘合和,缘起时起,缘尽还无,不外如是。"生死亦是如此。不管是谁,不管他生前是王侯将相,是电影明星,还是某个平凡的百姓,面对死亡时却没有什么不同。人生或长或短,到了最后的最后,都免不了落得个"尘封峻骨,一棺犹寄"的结局。

瓦伦蒂诺的去世,令吕碧城对生死之事的看法上多了一份淡然。走的路越多,她就越明白,万物皆无常,有生必有灭。只有活在当下,不执着于生与死的人,心中才能获得真正的平静,得到永恒的喜悦。

在洛杉矶没待多久,吕碧城决定再度出发去纽约看看。在这条自西向东的漫漫旅途中,吕碧城乘坐火车一路东行,途经科罗拉多大峡谷、丹佛、芝加哥等多地。每到一个地方,她都要下车看看,去欣赏,去游玩,去感受旅途的快乐,去感悟人生的真谛。

这些地方之于吕碧城来说,都是一个新的起点。而潇洒如她,总能在每个新的地方,脱胎换骨,焕然一新。这就是吕碧城,来自东方的公主。她安静优雅,即使身在异国他乡,也仍有独立不随意的品格,在人生路上自在开放。

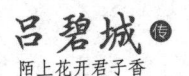

佛语有云："一切有为法，尽是因缘合和，缘起时起，缘尽还无，不外如是。"生死亦是如此。不管是谁，不管他生前是王侯将相，是电影明星，还是某个平凡的百姓，面对死亡时却没有什么不同。人生或长或短，到了最后的最后，都免不了落得个"尘封峻骨，一棺犹寄"的结局。

瓦伦蒂诺的去世，令吕碧城对生死之事的看法上多了一份淡然。走的路越多，她就越明白，万物皆无常，有生必有灭。只有活在当下，不执着于生与死的人，心中才能获得真正的平静，得到永恒的喜悦。

在洛杉矶没待多久，吕碧城决定再度出发去纽约看看。在这条自西向东的漫漫旅途中，吕碧城乘坐火车一路东行，途经科罗拉多大峡谷、丹佛、芝加哥等多地。每到一个地方，她都要下车看看，去欣赏，去游玩，去感受旅途的快乐，去感悟人生的真谛。

这些地方之于吕碧城来说，都是一个新的起点。而潇洒如她，也总能在每个新的地方，脱胎换骨，焕然一新。这就是吕碧城，一个来自东方的公主。她安静优雅，即使身在异国他乡，也仍然保有独立不随意的品格，在人生路上自在开放。

漫游欧洲，领悟人生

  万红深坞。怕春魂易散，九洲先铸。铸千寻、铁网凌空，把花气轻兜，珠光团聚。联袂人来，似宛转、蛛丝牵度。认云烟飘缈，远共海风，吹入虚步。

  铜标别翻旧谱。借云斤月斧，幻起仙宇。问谁将、绕指柔钢，作一柱擎天，近衔羲驭？绣市低环，瞰如蚁、铀车来去。更凄迷、夕阳写影，半捎茜雾。

——《解连环·巴黎铁塔》

  美国作家安德鲁斯曾说："人生至少要有两次冲动，一为奋不顾身的爱情，一为说走就走的旅行。"关于爱情，吕碧城向来清醒，等不到命中注定的那个人，便不会将就。一直以来，她都是这样一个独立而理性的女子。也因如此，吕碧城到了中年仍是孤身一人。

  一个人亦有一个人的好处。一个人生活，一个人旅行，一个人游戏，一个人沉思。一个人的行走范围，就是她的世界。

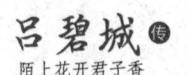

正因为吕碧城身边从来只有她自己,心中没有过多牵绊,她才能够说走就走,来一场穿越太平洋,跨越大西洋的旅行。

第二次出国,吕碧城在美国待了大半年,去了金色海城旧金山,游览了国际影城好莱坞,还去参观了科罗拉多大峡谷。她在游览了美国多地的名胜之后,决定换片土地继续她的漫游之旅。这一站,她决定前往欧洲。

少年的时候,她总在眺望远方,那时虽没有什么可凭仗,但心中却有抑制不住的梦想。如今人到中年,没有好身体也没有了执念,吕碧城就只想流浪。在流浪的孤旅中,她才慢慢遇见了最真实的自己。

以前的她要强,凡事要争个输赢。现在倒是豁达许多,似乎参透了"菩提本无树,明镜亦非台,本来无一物,何处惹尘埃"的佛理。所以现在的她活得更加随性,不用像以往那样刻意做人,也无须精心去处世。

欧洲与美国之间隔着一个大西洋。吕碧城此次前往欧洲走的亦是海路,乘坐"奥林匹克号"巨轮横渡大西洋。大西洋一向风高浪急,路途颠簸。比之她先前的海上之旅,这次吕碧城确实吃了不少苦头。一连数天,她被海上的风雨扰得身心俱疲却难以入睡。她心中不由得对此次旅行感到绝望。

船上有个好心人安尼斯见到碧城此状,特意为她送来鲜花帮助她入睡。吕碧城很感激这个男子在她孤立无援的时候过来帮助她。在海上一个多月的行程中,吕碧城与安尼斯相谈甚欢。

一来二往之间，两人就结成了好朋友。碧城得知安尼斯是英国人，此行就是要回英国首都伦敦。当安尼斯问及吕碧城此行的目的地之时，她则表示想先去法国首都巴黎看看。

吕碧城有了相识的人，在海上一个月的时间很快就过去了。"奥林匹克号"最终停靠在英国南安普敦港口。下船之后，安尼斯担忧吕碧城初次来到欧洲人生地不熟，还特地安排了他即将回法国的朋友与吕碧城同行。不得不说，吕碧城很多时候都是幸运的。人生路上，漫漫旅途，她总能在最需要的时候遇到贵人。

那句话说得很对，人生最好的旅行，就是在一个陌生的地方，发现一种久违的感动。安尼斯的热心让吕碧城对欧洲这片土地有了新的认识。她开始期待欧洲能带给她更多的惊喜。

到了巴黎之后，吕碧城游览了很多地方。这里的建筑风格、风土文化深深吸引了她。她像是打开了新世界的大门一般，徜徉其中，流连忘返。不过在巴黎令吕碧城印象最深刻的地方还是埃菲尔铁塔。

埃菲尔铁塔是巴黎最高的建筑，总高度324米，于1889年建成，像一个钢铁巨人般鹤立鸡群地矗立在巴黎市中心。它风雨无阻，洗尽铅华，无论是在战争年代还是和平时期，不论国家是兴旺还是衰落，都矗立在塞纳河南岸的战神广场上。

不知从何时起，埃菲尔铁塔便成了巴黎的标志。人们一提起巴黎，必得要说到埃菲尔铁塔。它就像一个世界公认的专属

吕碧城
陌上花开君子香

商标一样，承载着巴黎的历史文化故事。时间久了，人们开始将铁塔的内涵逐渐扩张，铁塔本身的历史和来由变得并不那么重要，更多人把它当成一种浪漫的象征，一种精神的寄托，一种由衷的向往。

吕碧城将欧洲漫游的第一站选在巴黎，也是这个缘故。她听说埃菲尔铁塔的高度就是一个人生命的高度，埃菲尔铁塔的顶端，藏着人们想要的幸福。她一定要登上去看看，站在顶端俯视人间的热闹与繁华。

只是不知为何，当吕碧城真正登上埃菲尔铁塔的顶端时，她的心中非但没有人们口中所说的幸福与喜悦，反而生出一种高处不胜寒的苍凉之感来。感伤之余，不禁吟出这首《解连环》。

万红深坞。怕春魂易散，九洲先铸。铸千寻、铁网凌空，把花气轻兜，珠光团聚。联袂人来，似宛转、蛛丝牵度。认云烟飘缈，远共海风，吹入虚步。

铜标别翻旧谱。借云斤月斧，幻起仙宇。问谁将、绕指柔钢，作一柱擎天，近衔羲驭？绣市低环，瞰如蚁、轴车来去。更凄迷、夕阳写影，半捎茜雾。

远行的游子一直没有还乡，她被异国他乡的渔火与时光拖住，多年漂流在外。古人有诗："登高曲尽路，遥望思故乡。"作为一个中国人，吕碧城自小生在中国长在中国，深受中华文化的熏陶，难免在登高临眺时，心中生出漂流海外的孤寂之感。

她吟道："联袂人来，似宛转、蛛丝牵度。认云烟飘缈，远共海风，吹入虚步。"思乡的情绪就像蛛丝一样萦绕在她心间，她知道这是她与祖国之间的牵引。虽然彼时的中国羸弱不堪，吕碧城也对国内时局深感失望，但她不论到哪里都没有停止对祖国的惦念。

吕碧城自从离开了祖国，此后不管到哪里都是他乡。他乡就是一个个驿站，在每个驿站，吕碧城都不会停留得太久。在游览完法国巴黎之后，吕碧城随即确定了欧洲之旅的下一站，瑞士日内瓦湖东岸的一个边陲小镇——蒙特勒。

蒙特勒是瑞士的一个田园诗般的小镇，以气候舒适著称，被世人称为"瑞士的里维埃拉"。蒙特勒的湖光山色之间，散布着教堂和星星点点的民宅。山坡上，漫山遍野都种植着用来酿造香醇美酒的葡萄。这里不仅有古朴的风情，还带着一种天然的浪漫。

吕碧城来到此处，每天都沉浸在蒙特勒的优美风景之中，呼吸着新鲜清甜的空气，享受着大自然的沐浴。她感到前所未有的轻松和自由。

那一年，吕碧城有很长时间都待在这里，养花栽树，看书写作，好不自在。不过吕碧城最后还是离开此地了，因为她想继续远行，去更多的地方，看更多的风景，领悟不同的人生。在离开之前，吕碧城特意为此地作了一首诗《日内瓦湖短歌四

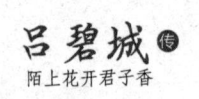

截句》，以表达对此地的纪念。

> 谁调浓彩与奇香，造就仙都隔下方。
> 海映花城腾艳霭，霞渲雪岭炫瑶光。
> 鸣禽合奏天然乐，静女同羞时世妆。
> 安得一廛相假借，余生沦隐水云乡。

离开蒙特勒之后，吕碧城没有停下漫游欧洲的脚步，她先后游览了意大利的时尚之都米兰、万城之城罗马、旅游胜地日内瓦、音乐之都维也纳以及有着"亚得里亚海明珠"之称的水城威尼斯等多个地方。

她辗转在欧洲这片土地上，脚步不停。不知不觉间，六年光阴忽已逝。吕碧城一边流浪，一边创作。她为每个自己去过的地方都作诗填词留念。久而久之，作品多了，吕碧城便重新回到蒙特勒专心整理这些年的作品。

不久之后，一本名为《鸿雪因缘》（又名《欧美漫游录》）的著作问世。吕碧城将其寄给当时在哥大的校友凌楫民请他帮忙出版。在凌楫民的帮助下，这本书连载于北京《顺天时报》和上海《半月》杂志上，轰动一时。当时国内民众对欧美等国家还不甚了解，吕碧城的这本书不仅细致地介绍了欧美各国的风景名胜，还描写了各国的风土人情，因而出版后大受民众欢迎。

有人说，年轻的时候，旅行是教育的一部分，年老的时候，旅行是阅历的一部分。吕碧城选择在中年时出游，则是一边学习一边领悟。她知道当年的自己太过执着，而这场长达七年的旅行则让她遇见了更好的自己。

彻悟生死的豁然

倦枕欹愁,衾滞梦,小楼深锁春寒。笙歌隔院,咫尺送喧阗。想见华筵初散,怎禁得、酒冷香残。空剩了,深宵暗雨,淅沥洗余欢。

愁看,佳丽地。帷灯匣剑,玉敦珠槃。怕人事年光,一样阑珊。慢说霓裳调好,秋坟唱、禅味同参。疏帘外,银澜弄晓,江上数峰闲。

——《满庭芳》

疾病不仅能摧残一个人的身体,还能摧毁一个人的意志。疾病之于人就好比战乱之于国家,它一步步侵占身体的每一寸领土,灵魂的每一个角落,直到完全让你丧失抗争的信念和力量,最后只能痛苦离世。

吕碧城这一生,有过无数抗争,在这些斗争中,她勇敢无畏,不惧不怕。在世人眼中,她就像是一个钢铁女侠般的存在。但要说唯一令她感到单薄无力的斗争,是与疾病之间了。

吕碧城常年受胃疾困扰，非常痛苦。年轻的时候，就曾因为胃病晕倒住院，疗养了好久才慢慢恢复。现在到了中年，吕碧城一路跋山涉水，游览各国名胜，看起来非常自在轻松，但对身体也是很大的考验。

吕碧城在游览英国伦敦时，就曾因为无法适应伦敦雾雨蒙蒙的天气和那里糟糕的空气状况而感染疾病。众所周知，那时的伦敦正在极力发展工业，整天烟雾缭绕。吕碧城在此地期间，时常感觉双目疼痛，咽喉不适。所以她在伦敦没待多久就匆忙离开去了德国柏林。

到了德国之后，许是因为此前在伦敦时的病根未除，吕碧城突然患疾，被朋友送到医院。医生告知她必须进行胃部切除手术。这个消息对于吕碧城来说，就像是一个晴天霹雳。那时候的她对在身上动刀是畏惧和不安的，何况还是将整个胃部切除。吕碧城对这次手术并不抱有多大希望，她甚至已经做好了赴死的准备。

在这次手术之前，吕碧城给远在国内的好友费树蔚寄了一封信，交代自己的身后之事。在信中，她对费树蔚说道："胃疾久淹，将付剖割，脱有不幸，则身后之事，宜略经济，从残著作，付讫为先。"在生死攸关之际，吕碧城虽然做好了离世的准备，但此时她对这个世界还有着深深的眷恋。她不甘心就这样在异国他乡悄然离世，她还想完成诸多未竟之事。

吕碧城本已经打算带着诸多遗憾在手术台上安然离世，但她没想到自己一睁眼看到的不是黄泉路上的奈何桥，而是一片白色模糊的天花板。在冷冰冰的病房中，她还能听见自己微弱的呼吸声，恍然间她才知道自己活过来了。医生告诉她这次手术非常成功，并嘱咐她好好休养。

在德国医院住了一个多月后，吕碧城慢慢恢复了健康。出院之后，吕碧城随即返回了瑞士，在蒙特勒的湖光山色里，她选了一处疗养胜地居住。那段时间，吕碧城一边养病一边著书，将自己这些年的作品整理成册，寄回国内出版。

蒙特勒风景优美，空气清新。吕碧城定居在这里，仿佛与世隔绝了一般。这里的生活节奏很慢，她的心情也很好。慢慢地，吕碧城的身体好转起来。

一年后，她要去日内瓦办一件事。在离开蒙特勒之前，她特意去当地的雪山游玩了一次。生病之前她曾多次来到此地旅游，那些时候纯粹只是欣赏雪山的美景，想到这里来感受大自然的美好。这次却不同，在经历过一番生死挣扎后，吕碧城赏景的心境已有大大的不同，就连笔下的词句都带了几分哲思。

在游完雪山后，她写道："再来刚是一年期，还映旧时雪。说与山灵无愧，有襟怀同洁。"今年的雪还是旧时的模样，今年的人却不似往年健硕。吕碧城站在雪地里向山中的精灵诉说自己的感悟。生命是何等脆弱，不知道在哪个时刻哪个地方就戛然而止。她甚至觉得自己现在的时光都是赚来的，所以在对待生命时变得更加珍惜。

到了日内瓦之后，吕碧城居住在市区一所热闹的旅馆中。直到晚上，窗外还一直有汽车的鸣笛声和街市的喧嚣声。住惯了安静的蒙特勒之后，吕碧城对这里的热闹竟有些不适应了。在床上辗转反侧许久，仍然不能入睡。到了深夜时，街道上逐渐没了声响，吕碧城反而更加清醒。

披上大衣，吕碧城从床上起身走到窗前，掀开轻掩的窗帘，看着空无一人的街道，一种繁华后的落寞之感蓦然袭上心间。思索良久，她竟有些悲伤。

倦枕欹愁，衾滞梦，小楼深锁春寒。笙歌隔院，咫尺送喧阗。想见华筵初散，怎禁得、酒冷香残。空剩了，深宵暗雨，淅沥洗余欢。

愁看，佳丽地。帷灯匣剑，玉敦珠槃。怕人事年光，一样阑珊。慢说霓裳调好，秋坟唱，禅味同参。疏帘外，银澜弄晓，江上数峰闲。

回到房间的桌前，吕碧城铺开纸张，不一会儿，一首情绪满怀的《满庭芳》创作完成。她感叹天下没有不散的筵席，所有的相聚和欢乐都只是暂时的，到最后都只落得个"空剩了，深宵暗雨，淅沥洗余欢"的惨淡光景。

时光如水，生命悄悄然就流走了。吕碧城在鬼门关走了一遭之后，对生死的感悟的确是更加深刻了。她虽害怕有生之年"人事年光,一样阑珊",但对死亡,她却多了几分豁达。像是顿悟了某个高深的佛理一般,吕碧城再次走到窗前,只看到"银澜弄晓,江上数峰闲"。

往后余生,做个清闲的人就满足了。她要像远处的山峰一样,宠辱不惊,看庭前花开花落;去留无意,望天上云卷云舒。她要将以后的生命,活成一条平静的河流,带着美好和闲逸缓缓流过,如此而已。

第七章 往后余生是归途

往昔已逝,静如止水,我们无法再做改变;未来可期,因缘合和,总是有许多种活法。吕碧城的一生跌宕起伏,到过巅峰也跌入过谷底,受过磨难也享受过荣光。在那个人心惶惶的民国舞台上,她是一抹艳丽的时代剪影。在这无尽的历史长河中,她终成一段不老的传奇。

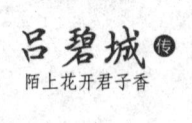

因为懂得,所以慈悲

依依常傍画群旁,灯影衣香忆小窗。

愁绝江南旧词客,一犁花雨葬仙庞。

——《小犬杏儿》

佛家有言,众生平等。在人类文明里,平等一直是人们谈论的永恒话题。

我们一度认为,人类为了平等已经做了很大努力了,但是极少人能发觉人类作为智慧生命追求的平等都只在人类的维度,对于其他生物倒是吝啬许多。

吕碧城虽然信佛,但也是在生死关头走了几遭之后才领会生命的无力感。这些年,她去过很多地方,曾和日月星辰对话,和江河湖海晤谈,和每一棵树握手,和每一株草耳鬓厮磨。经历过这些,她才顿悟真正的平等和善意,是不藐视一只小蚂蚁,也不轻易看重一头大象。

人之初,性本善。有些人生来就是善良的,不管经历了多少黑暗，多少残酷的磨砺，都掩盖不住他骨子里溢出来的善意。吕碧城便是这样一个善良的女子。不论是对人，还是对其他生命，她都有一颗慈悲之心。

吕碧城特别喜欢小动物。之前在上海的时候，她养着一条名为"杏儿"的小狗。杏儿全身毛发金黄，十分可爱，非常黏人。吕碧城非常喜欢杏儿。一次，杏儿在街上玩，不小心被一个洋人的汽车碾伤。吕碧城随即聘请律师和那个洋人交涉，并送她的爱犬去兽医院，等到狗的伤完全好后，事情才告了结。这件事在当时轰动一时。

那时上海报人平襟亚大约从这件事中得到启发，以此为素材，写了一篇名为《李红郊与犬》的文章刊于《笑报》上，其中女主角行为落拓怪异。吕碧城读后，认为平襟亚故意影射自己，不仅是在侮辱她的人格，还对杏儿非常不尊重，于是便将平襟亚诉之于租界法庭。

平襟亚躲避到苏州，化名沈亚公。吕碧城到处寻不到他的踪迹，便叫人放风："如得其人，当以所藏慈禧太后亲笔所绘花卉立幅以酬。"吓得平襟亚终日足不出户。此事后来还是由报界前辈钱芥尘出面调解，让平襟亚当面给吕碧城道了歉，她才作罢。

在吕碧城心中，小动物和人一样都是鲜活的生命，都有各自的品格和尊严。她不容许别人对待杏儿如此不尊重。后来，吕碧城出国求学，杏儿不能随行。她便将杏儿寄养在朋友家，

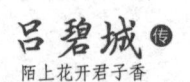

并一再嘱托朋友要好生照顾自己的爱犬。但狗向来是有灵性的，或许是杏儿知道吕碧城离开了，便终日闷闷不乐，也不吃饭。一年之后，那位朋友给吕碧城寄了一封信，告诉她杏儿久病不愈，最终离世了。吕碧城在美国看到这个消息悲伤不已，还写了一首诗为杏儿悼亡。

依依常傍画群旁，灯影衣香忆小窗。
愁绝江南旧词客，一犁花雨葬仙庞。

　　杏儿的离世一方面让吕碧城感到非常伤心，另一方面也令她对待动物更加慈悲。漫游欧洲的那几年，吕碧城曾在瑞士定居了一段时间。虽然是一个人，但她总爱养一些小猫小狗在身边，每天"迪西""玛丽"唤上几遍，就已经心满意足。不仅如此，她还加入了世界动物保护协会，并决心创办中国动物保护协会。

　　有一次，吕碧城在伦敦《泰晤士报》上看到了一则征集"皇家禁止虐待牲畜"倡议的启示。她看完非常激动，当即就写了一封长长的信寄到"芝加哥屠牲工会"和"皇家禁止虐待牲畜协会"参加了这次讨论。

　　吕碧城将信寄出去不久，便得到了伦敦"皇家禁止虐待牲畜协会"负责人费浩木的回复。他非常赞同和支持吕碧城的倡议。吕碧城收到信后很长一段时间，都在为这个协会整理保护动物的资料，以为他们提供实质性的帮助。

在决心为保护动物做一些有意义的事情后，吕碧城以身作则，在一年的圣诞节聚会中，她正式宣告自己以后要做一名素食主义者。定居瑞士的日子里，她一边弘扬佛法，编译了《欧美之光》等书，一边号召人们停止杀害所有动物，提倡素食。

1929年5月，吕碧城收到一封令她激动不已的邀请函，一封邀请她去维也纳参加万国保护动物大会的函，并请她在会上发言。

当轮到她上台发表演讲时，会上各国代表震惊万分。虽然吕碧城来自遥远的东方，但她一开口就是一口流利地道的英语。演讲时不仅条理清晰，有理有据，还抑扬顿挫，声情并茂，多次引起了台下观众的共鸣。他们不自觉地为吕碧城的言论鼓掌，甚至在会议结束时，还有人特意跑到吕碧城面前想与她合影留念。

吕碧城演说的主题是"废屠"，即彻底戒杀所有动物。演说结束后，吕碧城的倡议在欧洲引起了不小的轰动。一家名为《Der Tag》的报纸报道了吕碧城在这次万国保护动物大会上的表现，说："会上最有兴味之事，为中国吕女士之现身讲台，其所着之中国绣服裔皇衿丽，尤为群众目光聚集之点。"

维也纳的六大报刊也专门在头版发表她的讲稿和个人照片，并且吕碧城还受到维也纳市长的亲自接见，专门向她请教保护动物的科学方法。一时间，吕碧城在欧洲动物保护界声名大噪，自此她才算是真正走上了护生戒杀的道路。

走上这条路不是偶然，而是一种必然。因为她自小便深受苦难，长大后又生活在一个羸弱的国家。国破家亡的痛苦曾令她深陷世俗的黑暗中无法自拔。她见多了生命所经受的困苦，所以每每看到别的苦难都会生出一种感同身受的情绪。

正所谓因为懂得，所以慈悲。吕碧城深刻理解生命的不易。所以她坚信，唯有一心向善，做个慈悲的人，才能在漫漫人生道路上拥有一张永久的通行证。

万般皆幻，皈依三宝

春魂殢尘网，谁解连环？参彻十二因缘。还凭四谛说微旨，拈花初试心传。迦陵妙音唪，警雕梁栖燕，火宅难安。何堪黑海，任罡风、罗刹吹船。

观遍色空昙艳，幻影更何心，往返人天。回首飙轮万劫，红酣翠阢，销与云烟。阿罗汉果，证无生、只有忘筌。似蝶衣轻褪，金针自度，小试初禅。

——《夜飞鹊》

年轻时，吕碧城愤然离家出走，只身前往天津打拼。主笔《大公报》、创办北洋女子公学、担任总统府咨议，还曾纵横商海，叱咤风云。到了中年，她又决心放下一切，出国求学，漫游欧美。洒脱如她，独立如她，漂泊了大半生，仍是当初那个清醒如莲的女子，知道漫漫人生中，自己的归途在何处。

1930年秋，四十八岁的吕碧城做了人生中又一个重大决定——皈依佛门。此后，她成为在家居士，法号"曼智"，自号"宝莲"。吕碧城做这个决定,并不是一时冲动,而是心境使然。

早年的时候,吕碧城曾结识道家风骨陈撄宁,并决心跟着他修行道学。无奈缘分太浅,听学数月,她也没有在道家学说中找到人生的答案。后来一次偶然的机会,她在北京得以听到天台宗的谛闲法师讲经说法。这次说法倒是为吕碧城拨开了生活中的迷雾,于是自那以后她便开始信佛。

还有一次,吕碧城正在伦敦游玩。她的一位朋友偶然在街头捡到一张印光法师的传单和一本佛学小册。她的朋友对此不屑一顾,并抱怨说:"现在谁人还信这个?"朋友说完正准备扔到路旁的垃圾桶中,这时吕碧城立刻上前拦住说:"我要!"于是吕碧城便将这本佛学小册收藏了起来。后来她在回忆这件事时写道:"遂取而藏之,遵印光法师之教,每晨持诵弥尊圣号十声,即所谓十念法。此为学佛之开始。"

1930年春天,吕碧城在《与西女士谈话感想》中就曾向外界透漏出皈依佛教的意愿:"彼询予是否佛教信徒,答以所谙甚浅,唯戒杀宗旨与吾本性契合,则不妨皈依之。"直到这年秋天,吕碧城终于下定决心放下红尘之事,从此皈依三宝。

什么时候放下,什么时候就没有烦恼。吕碧城出家后即开始学习和研究佛理,翻译经文,弘扬佛法。在潜心向佛的日子里,吕碧城曾先后翻译《法华经普门品》、编写《观音圣感录》等作品。

除了著书立说之外，吕碧城还大力宣扬护生戒杀的理论，提倡素食主义。其主张保护动物的作品《欧美之光》由上海佛学书局出版，曾在国内轰动一时。在书中，吕碧城以自己为例，充分宣扬了护生、食素、养生的理念和方法，引得一众国人效仿。

修行不在表面，而在心上，每个起心动念都是修行。吕碧城摒除一切杂念，一心向佛。在此期间，她结识了一大批佛友。其中就有高僧常惺法师和太虚法师，还有曾留学英国的著名学者王季同。他们互通书信，交流佛法。吕碧城每有疑惑，都会向他们去信请教，他们也都耐心为她一一解答。

这样一来，吕碧城在佛学上的造诣日渐高深，同时她的思想境界也越来越开阔。这一点，可以从她皈依佛门后所作的词作中窥见一二。

春魂殢尘网，谁解连环？参彻十二因缘。还凭四谛说微旨，拈花初试心传。迦陵妙音唪，警雕梁栖燕，火宅难安。何堪黑海，任罡风、罗刹吹船。

观遍色空昙艳，幻影更何心，往返人天。回首飙轮万劫，红酣翠朊，销与云烟。阿罗汉果，证无生、只有忘筌。似蝶衣轻褪，金针自度，小试初禅。

佛理道："万物于镜中空相，终诸相无相。"世间万物皆空，唯其空，才能包容万物。皈依佛门之后，吕碧城看透红尘世事，看淡风云际会。当她回首往事时，才发现一切不过是梦幻泡影，过眼云烟。正如她在《夜飞鹊》中所写："回首飙轮万劫，红酣翠阮，销与云烟。"

在研习佛法的过程中，吕碧城逐渐参透人生百态。她认为人活一世，所遇万千，如身处荆棘之中，心不动，人不妄动，不动则不伤；如若心动则人妄动，伤其身痛其骨，这才体会到世间诸般痛苦！因此"阿罗汉果，证无生、只有忘筌"，只有无欲无求，心境宽广才能度己又度人。

心境宽则万事易，心中光明才能照亮人生路。

逝去，浮生若梦

> 护首探花亦可哀，平生功绩忍重埋。
> 匆匆说法谈经后，我到人间只此回。
>
> ——《梦中所得诗》

时光易老，从不会为谁停下脚步。当一个人的生命即将耗尽时，只有时间还是最初的模样，看不见也摸不着，只管兀自向前行进，万年不变。

1933年吕碧城已经五十一岁了。远在欧洲，她已经在脚下这片土地上飘零了七年之久。七年，两千多个日日夜夜，增长了她的见识，同时也苍老了她的年华。随着身体状况愈发不济，吕碧城对祖国的思念也越来越深沉。

"露从今夜白，月是故乡明。"思乡这种情绪在中国文化中是一个永恒的话题。中华文明上下五千年，早就长成了一棵枝繁叶茂的参天大树。树叶葱茏，每个中国人都是这棵大树上的一片叶子。而叶落归根是每个中国人的执念。不管走到哪里，不管是否更改国籍，只要他曾经生长于斯，心中就永远对祖国有一份深深的惦念。

即使现在离祖国土地很远，但她始终不曾丢失家国情怀。即使那片土地正深陷战乱，人民生活难以为继，也不影响这份情感在她内心的存在。因为在祖国，有她的家，有她的亲人，有她的朋友，有过往点点滴滴的回忆。

或许是预感自己时日无多，吕碧城归国的想法越来越强烈了。收拾行囊，买好船票，打点好在瑞士的诸多事宜后，她想着是时候回去了。于是1933年的某个白天，阳光明媚，风儿正吹满船帆，吕碧城登上回国的巨轮，心情就如眼前的汪洋一样澎湃。

所爱隔山海，山海皆可平。想你的时候，即使江湖路远，山高水长，虽千万人吾往矣。吕碧城在海上历经数月，终于顺利回国，回到了上海故居。此时的中国风雨飘摇，日本在1931年发动了震惊中外的九一八事变，侵占了东北三省，导致国内军阀割据，人民生活朝不保夕。

吕碧城回来看到祖国深陷困顿，比当年她离开时有过之而无不及，心中不免失落。但此时的上海却仍然是一片繁华的景象。路旁林立着风格各异的建筑，街市上车水马龙川流不息，百乐门夜夜笙歌，黄浦滩上船只浩浩荡荡。

回到上海的吕碧城，想寻求的只是一处安静无忧之地供她潜心研究佛法。那段时间，吕碧城每日在家诵经礼佛，译注佛经。不多久,一本《观无量寿佛经释录》译成,吕碧城将其交给上海佛学书局出版。

这样的生活维持了一段时间。吕碧城虽终日沉浸在佛法的世界中修身养性,但她的身体状况却不是很好。自从在德国做了胃部切除手术后,她就时常受胃疾侵扰,深陷病痛而无能为力。那个时候,她不知道自己什么时候就会悄然离世,便把每一天都当作最后一天来生活。

在活着的时日里,她总想力所能及地做些自己热爱的事。除了修习佛法,她还想在生命最后的时光里去见见以前的老朋友。1935年,吕碧城从上海出发去天津拜会了好友徐蔚如,二人在见面后回忆过往之事,还畅聊了多年来彼此的所学所得。

离开天津后,吕碧城又特意去了一趟苏州,想拜访阔别十余年的老友费树蔚。在去苏州的途中,吕碧城心情激动不已,幻想着与费树蔚相见的画面。可当她到了苏州时却被人告知,费树蔚已经因病离世了。

吕碧城感到很惊讶,为什么此前没有收到任何关于费树蔚去世的消息。后来通过朋友之口她才得知,原来是费树蔚担心吕碧城的身体,怕她得知自己离世的消息伤心伤身,就嘱咐朋友们不要相告于她。吕碧城听此消息,一时之间竟说不出话来,心中尽是物是人非之感。

费树蔚的离世令吕碧城伤心不已,即使此刻她已皈依佛门,看淡生死之事,但不知为何心中仍有零落之感。"万物皆无常,有生必有灭，不执着于生灭，心便能安静不起念，而得到永恒的喜悦。心在俗世中，不动则不伤。"吕碧城钻研佛法多年，虽明其理，但在真正遇到诸如费树蔚离世之类的大事时，她还是会感到无限悲伤。

或许自以为看破世事的她，并没有完全放下过往的一切，并没有真正脱离红尘俗世。或许一直以来，她都只是在逃避自己的内心，只是想为破碎的梦想、凋零的人生寻求一个出路。

世人皆知，她是那样一个清高如莲的女子。她有她的隐晦，也有她的皎洁。她有她的坚强，也有她的脆弱。像她这样的女子，永远只想将自己最好的一面展现在世人面前，而将脆弱深藏。

不得不说，费树蔚的离世令吕碧城开始重新思考自己的生活了。不过时局并没有给她太多时间探索。1937年7月7日，日军悍然发动卢沟桥事变，中国全面抗战正式打响。然而日军兵力强大，国内战局不稳。至当年秋末时节，日军已经占领上海。

在此时代背景下，为了自身的安全和心灵的平静，吕碧城移居香港。在香港，吕碧城的生活比之在上海要安定许多，但每日依旧是诵经礼佛。

1942年冬天，吕碧城的胃疾又加重了。病痛的折磨令她怀疑自己时日无多，可能随时都会离世。朋友们纷纷劝她就医，但她比谁都了解自己的身体状况，也知道剩下的时间，她应该好好为自己的身后之事做打算。

于是，在拒绝了一众朋友的建议后，吕碧城开始安排自己的身后事。那年冬天，她一连向自己的好友李园净居士发了三封信。每一封，都是自己的遗嘱。她希望在自己离世后能将她的全部财产布施佛事，她的遗体则要火化成骨灰，然后和面成丸，投入大海，供鱼类食用。

很难想象，一个人在生命即将凋零时还能如此冷静和淡定。或许这就是吕碧城与众不同的地方吧。在她的人生中，她向来活得理性和清醒。所以面对死亡，她也毫不畏惧。诚如杨绛先生所说："人生最曼妙的风景，是内心的淡定和从容。我们曾如此期盼外界的认可，到最后才知道，世界是自己的，与他人毫无关系。"

1943年春天的某一日，沉睡中的吕碧城因受胃疾侵扰从梦中惊醒。在梦中，她去了另外一个世界，那里没有战乱，没有病痛，一切都很好。她还见到了自己的好友费树蔚、袁克文和陈撄宁。可惜大梦三生，万般皆幻，吕碧城心中难免感到有些许失落。在床榻上休息了一会儿之后，她拖着病体挣扎着走到书桌前，写下了人生中最后一首诗：

　　　　护首探花亦可哀，平生功绩忍重埋。
　　　　匆匆说法谈经后，我到人间只此回。

在这首诗写下的半个多月后，1943年1月24日，一代才女吕碧城在香港病逝。亲友们遵照她的遗愿，为她举行葬礼。一

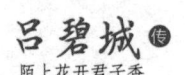

切都如她生前所安排的那样有条不紊地进行着。她的全部财产被捐赠给各大佛寺,她的遗体被火化,她的骨灰与面粉和在一起,被抛入海中。朋友们都知道,她是那样一个热爱自由的人,所以她才选择将大海作为自己最后的归宿。

吕碧城逝世的消息一经传出,国内各大媒体大为震惊。其中一家名为《觉有情》的杂志还特地为吕碧城推出了一个专栏,供人们发文悼念。

章太炎的夫人张国梨写诗称赞她"冰雪聪明绝世姿,红泥白雪耐人思。天花散尽尘缘断,留得人间绝妙词"。文学名家潘伯鹰称她"足与易安俯仰千秋,相视而笑"。

然而世人再悲伤,也掩盖不了那个如水如月的女子离世的事实。他们的伤心和感慨都是因为吕碧城是个非凡的女子。或许她的人生不够圆满,但一定够精彩。六十一年,她遍历人世沧桑,不论是做才华横溢的文人,明眸醒世的女侠,还是兰心蕙质的追梦人,倾心佛法的修行者,她都能活得生机盎然,自由自在,让生命在那个倾颓的时代里,绽放如莲。

亦有人说其实她并未走远,我们仍然可以在她传世的作品中寻到她美丽优雅的身姿,从后人给她作的传记中了解她传奇的一生。故而她虽身死,但灵魂不灭,文字亦永垂不朽。